# MEU NOME É AMANDA

# AMANDA GUIMARÃES
E LIELSON ZENI

# MEU NOME É AMANDA

*Copyright* © 2016 *by* Amanda Guimarães

**FÁBRICA231**
O selo de entretenimento da Editora Rocco Ltda.

Direitos desta edição reservados à
EDITORA ROCCO LTDA.
Av. Presidente Wilson, 231 – 8º andar
20030-021 — Rio de Janeiro, RJ
Tel.: (21) 3525-2000 — Fax: (21) 3525-2001
rocco@rocco.com.br
www.rocco.com.br

*Printed in Brazil*/Impresso no Brasil

PROJETO GRÁFICO E DIAGRAMAÇÃO: Osmane Garcia Filho
FOTOS: Arquivo pessoal de Amanda Guimarães

CIP-BRASIL. CATALOGAÇÃO NA PUBLICAÇÃO
SINDICATO NACIONAL DOS EDITORES DE LIVROS, RJ

G976m

Guimarães, Amanda
    Meu nome é Amanda / Amanda Guimarães. - 1. ed. - Rio de Janeiro : Fábrica231, 2016.

    ISBN 978-85-68432-73-0 (brochura)
    ISBN 978-85-68432-77-8 (e-book)

    1. Guimarães, Amanda. 2. Transexuais - Brasil - (Biografia).
I. Título.

16-34060                                    CDD: 926.0867
                                            CDU: 929-055.3

Impressão e acabamento
PROL GRÁFICA

# SUMÁRIO

SEJAM BEM-VINDOS!. . . . . . . . . . . . . . . . . . . . . . . . . . . . 7

MEU DIA A DIA NA ÁSIA . . . . . . . . . . . . . . . . . . . . . . . . 9
A INFÂNCIA. . . . . . . . . . . . . . . . . . . . . . . . . . . . . . . . . . . 17
SE ENTENDENDO COMO MENINA. . . . . . . . . . . . . . . . . . 19
A FAMÍLIA. . . . . . . . . . . . . . . . . . . . . . . . . . . . . . . . . . . . 23
ADOLESCÊNCIA. . . . . . . . . . . . . . . . . . . . . . . . . . . . . . . 29
AS GAROTAS DA ESCOLA . . . . . . . . . . . . . . . . . . . . . . . 33
PRIMEIRO BEIJO . . . . . . . . . . . . . . . . . . . . . . . . . . . . . . 35
SE ENTENDENDO COM A IDENTIDADE DE GÊNERO E
ORIENTAÇÃO SEXUAL. . . . . . . . . . . . . . . . . . . . . . . . . . 39
PRIMEIRO GAROTO QUE BEIJEI . . . . . . . . . . . . . . . . . . 45
ME MONTANDO SOZINHA EM CASA. . . . . . . . . . . . . . . 51
COMO FOI A DESCOBERTA DA TRANSEXUALIDADE . . . . 55
COMEÇO DA TRANSIÇÃO E TRABALHO. . . . . . . . . . . . . 59
ROLOS COM COLEGAS DE TRABALHO. . . . . . . . . . . . . . 67
NAMORO ONLINE — ONDE EU CAÇAVA BOY NA INTERNET . . . . 73
BULLYING E PRECONCEITO . . . . . . . . . . . . . . . . . . . . . 83
PRECONCEITO POR CAUSA DO NOME SOCIAL . . . . . . . 93
A TRANSIÇÃO . . . . . . . . . . . . . . . . . . . . . . . . . . . . . . . . 99
A REDESIGNAÇÃO SEXUAL. . . . . . . . . . . . . . . . . . . . . .105
A OPERAÇÃO DE REDESIGNAÇÃO SEXUAL. . . . . . . . . . .111
PENSAMENTOS SUICIDAS. . . . . . . . . . . . . . . . . . . . . . .117
COMO SURGIU O CANAL MANDY CANDY. . . . . . . . . . . .121

PARA MINHA IRMÃ AMANDA. . . . . . . . . . . . . . . . . . . . .129
AGRADECIMENTOS. . . . . . . . . . . . . . . . . . . . . . . . . . . .131

# SEJAM BEM-VINDOS!

**OI, MAROTADA! EU TÔ MUITO EMPOLGADA PORQUE** esse é o meu primeiro livro (apenas o primeiro, porque gostei tanto de fazer este que vou querer escrever mais!).

Se você ainda não me conhece, muito prazer, eu sou a Amanda, mas pode me chamar de Mandy. Eu sou uma youtuber, tenho um canal chamado *Mandy Candy*, em que falo sobre relacionamentos, sexualidade e também um montão de coisas bobas! Ah, e também conto um pouco sobre minha vida e tudo que passei por ser uma mulher transexual. Gosto muito de falar desse assunto porque tem um monte de gente cheia de preconceitos de um lado e uma galera linda, iluminada, mas sofrendo, do outro lado. Vamos deixar as pessoas serem felizes do jeito que elas são de verdade? Já passei por muita coisa ruim e vou contar algumas delas aqui neste livro, mas tudo isso não é pra você ficar com pena de mim *"Coitadinha da Amanda..."*. Escrevo pra você pensar melhor sobre o que faz com os outros e principalmente consigo mesmo. Espero que minha experiência de vida possa te ajudar ☺. Ah, e dá uma olhadinha no canal Mandy Candy: www.youtube.com/mandyparamaiores.

Agora, se vocês já me conhecem, marotas e marotos, se acompanham meu canal (tá acompanhando, não está? Porque tem atualização direto!), eu pensei nesse livro como um jeito legal de continuarmos nossa conversa depois que o vídeo acaba. Sem falar que, quando a gente lê e escreve, é um jeito diferente de pensar e de contar as coisas, né?

E a coisa mais importante de todas: quero dedicar esse livro a todos os marotos e marotas que me acompanham na internet. Porque se hoje tenho orgulho da pessoa que me tornei, foi por causa de vocês.

Vocês me aceitaram e me acolheram de uma forma que nunca imaginei que fosse possível e mostraram que, enquanto uma pessoa prega intolerância, outras dez estão pregando amor e respeito, fazendo com que eu voltasse a acreditar que o mundo ainda pode ser (e vai se tornar) um lugar de amor e igualdade. Esse livro foi feito para vocês. ♥

E, marotos, aqui vocês não precisam dar joinha antes de ler, mas acho que vocês vão gostar do que tenho pra contar. Vamos lá? Um beijo!

MANDY

# MEU DIA A DIA NA ÁSIA

**EU MORO EM HONG KONG, QUE É UMA METRÓPO-** le chinesa. Ela pertenceu ao Reino Unido até 1997, quando foi devolvida pra China. Aliás, devolvida mais ou menos, já que Hong Kong tem uma administração diferente do resto da China — pra vocês terem uma ideia, os chineses precisam de visto pra entrar aqui. E mais: se você falar para algum hong-kongonês que ele é chinês, provavelmente vai arranjar uma confusão daquelas!

Por causa desse babado com o Reino Unido, aqui tem muita gente que fala inglês e a cidade tem uma cara diferente do restante do país. Por exemplo, o dinheiro aqui é o dólar de Hong Kong (que vale bem menos que o dólar norte-americano. Vale menos até que o real, mas é uma das moedas mais negociadas do mundo).

Então, todo dia acordo nesse lugar e eu amo esta cidade, sério, gente. Se vocês forem até meu canal no YouTube e procurarem pelo vídeo "Como vim morar em Hong

Kong", vão descobrir mais umas coisinhas sobre essa minha vinda pra cá.

O meu dia a dia é bem comum, com exceção da minha rotina de trabalho, porque eu não tenho horário fixo — às vezes trabalho no horário de Hong Kong e muitas vezes trabalho no horário do Brasil, então acordo depois das 14h aqui. A diferença de fuso horário daqui para o Brasil é de onze horas e como eu sou muito ligada ao Brasil, por causa do meu canal que é feito pros brasileiros curtirem, eu fico um pouco maluca com os horários. Mas não tô reclamando, não, viu? Adoro a cidade e adoro fazer os vídeos no canal.

Então, assim que eu acordo, a primeira coisa que a bicha aqui faz é olhar o celular (aposto que vocês também fazem isso!), porque eu quero ver se tem alguma novidade no Twitter, no Facebook, no Instagram, ou seja, faço aquela geral nas redes sociais pra ver se eu preciso responder alguma coisa e também por pura curiosidade mesmo. Aí vou pro meu canal do YouTube, pra saber como estão os inscritos, se a audiência aumentou, se o novo vídeo bombou ou não, leio os comentários de gente maravilhosa, de gente não tão maravilhosa assim... ☺, enfim, vejo como as pessoas reagiram ao vídeo.

Depois de feito isso eu levanto mesmo da cama e já coloco uma música bem animada pra começar o dia arrasando, porque sem música eu não funciono, música é um alimento pra minha alma. Então, se é pra começar o dia no glamour, tem de ser com música!

Uma listinha de artistas que sempre jogam a Mandy pra cima:

*La La love*, **Ivi Adamou** — Amo! Saio dançando junto enquanto limpo a casa;

**Valesca Popozuda** — Eu sou a diva que você quer copiar (amo muito a Valesca, o empoderamento que ela passa me ajudou bastante a ter mais confiança em mim mesma);

*Me Too*, da **Meghan Trainor** — Essa mulher é um arraso, né? Desde o "badabes", sou superfã dela;

**Cher** — Rainha, sempre rainha;

**Lady Gaga** — Todas as músicas, mas se for pra citar uma seria Born this way por motivos óbvios; ☺

**Linkin Park** — Sou fãzona desde a adolescência;

**RBD** — Simmmmm! Amo RBD! Haha! Pode colocar todas as músicas na lista;

**Miley Cyrus** — *We can't stop!*: Rainha também!

Com a música rolando, já dou uma arrumadinha na casa, porque todo dia tem alguma coisa pra fazer. Depois, dou um trato carinhoso nos meus pets, porque tenho um coelho, uma tartaruga e um porquinho-da-índia — bem louquinhos, como eu. Ai, eu adoro esses lindinhos! Vocês já viram?

Depois de tudo limpo e os pets tratados, ligo pro meu amigo que tem um bar e restaurante aqui e eu trabalho lá às vezes, como garçonete. Se eles precisam de mim, eu troco de roupa rapidinho e vou correndo trabalhar.

Eu costumo trabalhar do meio-dia até umas quatro ou cinco da tarde, quando ainda tem movimento do horário do almoço. Meu trabalho é aquele de garçonete mesmo: pegar comida, entregar pros clientes, limpar o local.

Aqui em Hong Kong é difícil encontrar alguém que não fale o mínimo de inglês, então eu consigo me virar bem. Maaaaaas sempre tem muito turista da China que vem fazer compras em Hong Kong e é engraçado. Quando eles me veem e sabem que sou ocidental, muitas vezes nem levantam a mão para serem atendidos por mim. Mas não é preconceito, xenofobia, nada disso, é vergonha mesmo. Eles morrem de vergonha de falar com estrangeiros!

Como eu já morei tanto na China quanto em Hong Kong, consigo distinguir as duas principais línguas que eles falam, o mandarim e o cantonês. Então, se o cliente fala mandarim, eu já vou pra mesa dele com o menu na mão e, enquanto falo, vou apontando para a parte do menu; então eles apontam de volta o que querem e eu faço o pedido. E quando não se sabe o que fazer, a gente improvisa, né? Por que a bicha aqui é articulada! E mímica existe pra isso também.

Outra coisa que atrai minha atenção no trabalho aqui é que os asiáticos são muito reservados, nunca puxam conversa e só falam com quem está na mesa com eles. Isso em qualquer lugar: bar, restaurante ou até karaokê! É muito difícil um asiático ir puxar assunto com outras pessoas, imagina então com estrangeiros como eu.

E aqui, fora do Brasil, é assim: a gente tem que se virar! O que aparecer de trabalho eu tô fazendo, porque é muito caro o custo de vida. Qualquer bico que tiver, chama a Mandy! #mandydelivery

Mas se for um dia com pouco movimento e que não tem trabalho no restaurante, eu fico em casa mesmo e trabalho com os vídeos. E eu trabalho, porque os vídeos do canal não são só ligar a câmera e falar, não!

E como é que eu trabalho com os vídeos? Eu começo assim: primeiro penso no assunto que vou falar. Eu tenho um bloco de notas no meu computador com todos os assuntos que penso em fazer vídeo e às vezes, bem às vezes mesmo, faço um pequeno roteiro. Só que eu não gosto muito de roteiro, porque prefiro olhar pra câmera e falar como se a pessoa tivesse na minha frente, do meu lado, como se a gente tivesse conversando, como eu falaria com um amigo, com o meu melhor amigo (já viram que meu amor por vocês não é pouco, hein, marotada?).

E olha só: sou eu que faço tudo sozinha no canal. Desde esse script, a pensar os temas, selecionar esses temas, pesquisas na internet (porque a gente tem de saber o que está falando, né?) e a edição também, tudo eu que faço. Dá bastante trabalho. Às vezes, para eu editar um vídeo levo mais de cinco ou seis horas, porque confesso que sou um pouquinho lerdinha. ☺

Na verdade, eu gosto sempre de aprender coisas novas na edição, de fazer cortes bem dinâmicos nos vídeos, e por isso perco muito tempo fazendo essa parte. E quem vê de fora não imagina o trabalho que dá pra quem faz tudo sozinho em um canal.

Tirando a parte do YouTube, eu tenho uma vida bem normal — não que trabalhar com o YouTube não seja normal, mas não é tão comum assim. O que eu chamo de uma vida normal é sair pra baladinha com meus amigos, ir ao cinema, tenho minha casa, tenho meu trabalho, meus animais de estimação. Jogo muito videogame, como qualquer outra pessoa, rs, nada de diferente (aliás, esse inglês que venho gastando aqui em Hong Kong, aprendi graças aos jogos de RPG, que jogo desde criança).

> Uma listinha poderosa do que mais tenho curtido jogar:
> 
> - Recomendo toda a série *Final Fantasy* pra quem quer usar jogo pra aprender inglês. Se for jogar pra isso, a dica da Amandinha é pegar um dicionário, ter o Google Tradutor na mão e ir traduzindo todas as falas dos jogos pra entender a história. Era assim que eu fazia e para mim superfuncionou;
> - *Ragnarok Online*: esse eu já falei um monte lá no canal, adoroooo;
> - *Just Dance*: além da gente se divertir jogando, ainda estamos fazendo exercícios físicos, né? Amo!
> - *Pokémon*: todos os jogos principais;
> - *Dragon Age Inquisition:* o jogo é MARAVILHOSO! E de bônus tem um personagem transexual, é muita representatividade;
> - *Overwatch*: esse é meu novo vício. Acho bacana que também tem muita representatividade nos personagens e a história é muito legal;
> - *Chrono Trigger;*
> - *Chrono Cross;*

- 💗 *Minecraft*: recomendo MUITO, pois estimula a criatividade 💗;
- 💗 *Heroes of The Storm, League of Legends, Dota*: sendo que destes todos, jogo só o primeiro. Mas os jogos do tipo *multiplayer online battle arena* (chamados de MOBA) são bacanas, pois mostram que não temos como fazer tudo sozinhos, né? Precisamos jogar em equipe e eu amo jogos assim.

Mas a minha vida nem sempre foi assim, desse jeito (quer dizer, o negócio de jogar videogame o tempo todo sempre foi, hahahaha). Para eu ser a Amanda que sou hoje, eu tive que vencer diversas outras barreiras, tanto comigo mesma, dentro de mim, quanto na sociedade. Mas isso é outro capítulo (literalmente) da minha história.

# A INFÂNCIA

**SOU A CAÇULA DE QUATRO FILHOS, O BEBÊ DA CASA,** como minha mãe fala. Nasci no interior do Rio Grande do Sul, em Morungava, que fica em torno de duas a três horas de Porto Alegre. Cidade muito pequena mesmo, com pouco mais de seis mil habitantes. Para vocês terem noção, eu acordava todo dia com a vaca do vizinho mugindo! Todo dia pela manhã, ela fazia um barulhão!

Então, minha infância foi nessa cidade e as coisas aconteceram como na vida de toda criança que nasce no interior, numa casa meio fazenda, sempre rodeada de muito bichinho, com dois ou três cachorros. Não conseguia viver sem esses amigos — e olha, vou te contar, a bicha aqui gosta tanto de bicho que tenho três pets no meu apartamento minúsculo aqui em Hong Kong.

Cresci brincando de subir em árvore, pega-pega, esconde-esconde. Como a diferença entre meus irmãos e eu não é muito grande, três a seis anos, a gente brincava de tudo, sempre juntos. É muito louco relembrar essa cidade pequena da minha infância vivendo nessa cidade enorme que estou hoje.

Minha mãe nos criou sozinha porque meu pai, assim que nasceu meu irmão do meio, deixou a gente pra garimpar ouro na Amazônia. O que ele fazia? Ia pra lá, conseguia alguma coisa, mas gastava todo o dinheiro que conseguia lá mesmo e voltava pra casa. Como a gente tinha um terrenão, uma fazenda, meu pai vendia um pedaço desse terreno e voltava pra tentar ganhar dinheiro lá com garimpo. Daí não dava certo de novo, ele voltava, vendia mais um pedaço do terreno e ia de novo. Este processo aconteceu durante toda a minha infância e, por causa disso, eu quase não tive contato com ele, não existia relação de pai e filho, se teve, foi muito pouco.

Com o meu pai o tempo todo no garimpo mas sem conseguir ganhar dinheiro, minha família era muito pobre e vivia com o mínimo. Minha mãe, pra sustentar os filhos, fazia tricô. Ela virava a noite fazendo tricô sem parar. E durante muito tempo, muitos e muitos anos, era tudo o que tínhamos.

Eu lembro, por exemplo, que minha casa era toda de madeira e que só tinha dois quartos, e que na sala tinha um buraco no chão! Um dia a gente estava vendo TV e desse buraco saiu uma cobra! A casa ficava num lugar bem fazenda, bem no campo mesmo. Gente, que medo! Já pensou você ali, na tua casa, vendo o meu canal do YouTube, e pula uma cobra do chão?

Mesmo com as dificuldades, nos dávamos muito bem. Todo mundo se amava (e se ama! Beijo, mãe, manos e mana!). A falta de dinheiro nunca foi, e nem pode ser, desculpa para falta de amor e união, porque pra mim isso é família: pessoas que se amam, independente de ser homem, mulher e filhos. Amor, gente, é o que vale.

# SE ENTENDENDO COMO MENINA

**NO INÍCIO DA INFÂNCIA, A CRIANÇA NÃO VÊ ESSA** diferença de menino e menina, ela enxerga todo mundo igual, como pessoa. Até porque não existe brincadeira de menino e brincadeira de menina, é tudo brincadeira, né?

Mas os adultos, minha mãe, por exemplo, percebiam que eu não era um menino como meus irmãos. Por mais que eu brincasse de tudo com eles, como subir em árvore, guerrinha, lutinha etc., meu jeito era muito diferente, eu sempre fui muito delicada, meu jeito era feminino.

E minha mãe via que eu era diferente. Por exemplo, ela me pegava com uma calça enfiada na cabeça, correndo pela casa e brincando. Eu usava a calça na cabeça para fingir que eu tinha um cabelo comprido, igual a ela e minha irmã. E eu também pegava batons dela escondida para me maquiar, com quatro ou cinco anos. Eu era o único dos irmãos que fazia isso.

Ela conta que uma vez me perguntou o que eu queria ser quando crescesse e eu respondi que queria ser mulher.

Falei que eu era uma menina e queria me tornar uma mulher, igual a ela e a minha irmã. Já pensou? Para uma criança pequena, esta já era uma noção que começava a aparecer.

Vocês podem pensar que eu fui influenciada pela minha mãe ou pela minha irmã, mas eu digo que não, porque meus irmãos tiveram a mesma criação, a mesma vida, moraram no mesmo lugar e são héteros cisgêneros (pessoas cujo gênero é o mesmo que o designado em seu nascimento). Eu comento isso aqui, porque no início da minha transição eu ouvi esse tipo de comentário, que eu era desse jeito por culpa da minha mãe. Não, não é verdade: eu sempre me entendi e me percebi como mulher e isso não foi nada que me impuseram, era algo que eu sentia em mim.

Até os meus cinco anos de idade, eu era uma criança totalmente livre, feliz, eu lembro dessa época com muita alegria, mesmo que a gente não tivesse dinheiro, a família toda tinha muito amor. Mas com cinco anos, minha mãe me colocou na escola e aí as coisas começaram a mudar. Ambiente escolar nem sempre é fácil, né? Duvido que exista alguém que não teve um dia ruim na escola. ☹

O que me causou um estranhamento muito pesado é que na escola havia uma divisão muito forte entre coisas de menino e coisas de menina. A primeira vez que eu me questionei se tinha algo errado comigo foi logo depois que entrei no colégio.

Meu cabelo era bem compridinho na época, por isso meu apelido era Anjinho, o loirinho com cabelo cacheado. Mas um dia minha irmã me levou pra cortar o cabelo, porque minha avó e o resto da minha família falavam que meu cabelo não era de "homenzinho".

Então, minha irmã me chamou:

— Maninho, vamos no cabeleireiro?

Aí eu falei:

— Se eu for, posso ficar com o cabelo bem compridão que nem o teu?

A minha irmã, coitada, falou que sim, porque ela sabia que só assim eu deixaria alguém mexer no meu cabelo, né? Então, chegando ao cabeleireiro, lembro que pegaram a máquina e rasparam meu cabelo no um. No um! Pensa nisso: de anjinho cacheado para carequinha!

Essa é a primeira lembrança que eu tenho em que eu chorei como se não houvesse amanhã. Eu saí de casa feliz, eu estava fantasiando, pensando que eu iria voltar bem linda, bem mocinha, com um cabelo compridão igual ao da minha irmã, e quando me olho no espelho eu fiquei sem cabelo.

Na volta, todo mundo falava:

— Ah, agora você tá um homenzinho, tão bonitinho!

Mas não era isso que eu queria. Esta foi a primeira decepção da minha vida, né? A primeira vez que meu desejo de ser mulher foi cortado. Só que não foi a única vez, não!

## A FAMÍLIA

**OLHA, VOU TE DIZER QUE SOU UMA DAS PESSOAS** mais sortudas desse mundo por ter uma mãe como a que eu tenho, que fez o papel de mãe e pai durante toda minha vida — não estou falando aqui no estereótipo, na figura de pai e mãe, mas no que ela precisou fazer, se desdobrando em duas pra poder arranjar dinheiro pra criar os quatro filhos e dar carinho e atenção pra toda essa criançada!

Não digo isso pra que vocês pensem que eu não gosto de meu pai, muito pelo contrário! Amo ele também, mas como não tive muito convívio, acabei não me apegando tanto quanto à minha mãezinha!

Meu pai passou muitos anos fora de casa. Então voltava pra casa e ficava alguns meses para em seguida viajar de novo e ficar fora durante dois, três, quatro anos. Foi assim durante toda a minha infância e a infância dos meus irmãos.

Quem se virava para colocar comida na mesa e cuidar dos quatro filhos era minha mãe e, além do tricô, ela também ia pro Paraguai comprar um monte de coisas pra revender e ainda trabalhava como revendedora da Avon. Ou seja: qualquer coisa que aparecia, ela trabalhava pra não deixar faltar nada em casa.

Não foram raras as vezes que passamos aperto. Houve vezes em que a gente passava o mês todo com a doação de comida de alguns parentes, mas amor, ah, amor nunca faltou! Por isso que eu sempre vi minha mãe como uma guerreira, um exemplo pra minha vida, essa pessoa que não desistia nunca, que lutava, lutava e ainda tinha carinho pros filhos.

Sempre fui muito próxima dela — próxima até demais! A viada aqui mamou até os quatro anos de idade! Ela conta que eu mamava de pé enquanto assistia à televisão, mamava enquanto ela fazia tricô, mamava até enquanto ela jogava Atari (sim, isso mesmo; eu aprendi a jogar videogame com ela).

Até lembro que uma de minhas tias ficava muito brava com isso. Afinal, né, eu já era bem crescidinha, e essa minha tia dizia, pra apavorar mesmo, que "qualquer dia desses iam cair as tetas da minha mãe de tanto que eu mamava". Por isso, sempre que essa tia ia visitar a gente lá em casa eu corria para me esconder. Minha mãe fala que eu ficava nervosa até que ela fosse embora e eu pudesse mamar de novo, sem culpa (não sei se tem algo a ver com ter mamado por tanto tempo, mas quase nunca fico doente, hahaha).

Eu também dormia na mesma cama que ela até os meus doze anos, já pensou? Loucura, né? Eu tinha meu quarto (na verdade, dividia ele com meu irmão), mas sentia muito medo de ficar sozinha na cama, eu achava sempre que algo de ruim ia acontecer se não estivesse do lado da minha mãe. Sabe, gente, para mim ela sempre foi sinal de proteção. Até hoje, quando vou visitar ela e estou em casa, faço questão de dormir na mesma cama que ela, para aproveitar o tempo, cada segundo pertinho dela. 🖤

Conforme crescíamos e a situação financeira melhorava, pelos esforços da minha mãe eu tive acesso aos games. Minha mãe sempre foi muito cabeça aberta com todo tipo de assunto, qualquer coisa mesmo, e foi por isso que nunca sofri nenhum tipo de bronca ou de intimidação por causa das brincadeiras e jogos que gostava.

Por exemplo, eu jogava muito videogame na infância (não só na infância, né, marotada!). Jogos como *Mortal Kombat 2*, *Donkey Kong Country*, *Final Fantasy IV* (que por sinal é meu jogo favorito de todos os jogos e de todos os tempos! Tenho ele em todos consoles em que foi lançado, hahaha). Então, inspirada pelos jogos, eu gostava muito de brincar com meu irmão de lutinhas ou criar histórias no pátio de casa e fazer nossa aventura por lá. Nisso, eu sempre brincava que era alguma das personagens femininas dos jogos. Me enfeitava toda, pegava as roupas da minha mãe e da minha irmã e saía pra porrada — normalmente eu perdia, porque meu irmão é mais velho! Hahaha, mas a gente se divertia horrores e era tudo brincadeira, ninguém ficava machucado.

Minha mãe me perguntava por que eu escolhia essas personagens femininas pra brincar (e eu sempre escolhia as mulheres, nunca os homens) e eu falava que eram as que eu mais gostava. Como minha mãe sempre me apoiou, eu sentia muita confiança nela para contar qualquer coisa, desde os meus problemas mais chatos até responder com sinceridade esse tipo de pergunta. Um babado que eu não sabia direito naquela época é que, na verdade, eu gostava mais das personagens femininas porque eu me identificava com elas e, como o meu corpo já era algo estranho pra mim, pelo menos na minha fantasia eu era uma mulher glamourosa e poderosa.

Minha mãe finalmente se separou de meu pai no papel, porque na vida prática eles já estavam separados há um tempão — na verdade, ele já morava com outra esposa no Nordeste, se não me engano.

As coisas em casa começaram a melhorar mesmo quando minha mãe, por influência de minha tia, estudou sozinha para um concurso público! Há anos que ela não estudava, e mesmo assim ela se virava para dar conta dos filhos, da casa, do trabalho (o tricô e os bicos de vendedora) e das apostilas de estudo. Ninguém acreditava que ela conseguiria, afinal cuidar de quatro filhos sozinha já era barra, né?

Mas como toda guerreira, ela passou no concurso e conseguiu trabalho como secretária na escola que posteriormente eu iria estudar. Dona Maria Teresa é o exemplo de todos nós!

Quando eu tinha uns doze, treze anos, minha mãe começou a sair pra festas com algumas amigas, ela estava com quarenta e cinco anos, eu acho (espero que minha mãe não me mate por contar isso, hahaha), mas eu sempre ficava esperando ela acordada, na ansiedade, para que ela me contasse como tinha sido a festa e me trouxesse um X-calabresa (adoro esse tipo de comida tranqueira, gente, a tal *junkie food*. Sei que não devia, mas, ai, é tão bom!), porque era regra: sempre que ela saísse, tinha que trazer na volta um X-calabresa pra mim — e não podia ser X-salada, X-frango, não! Então, quando ela voltava era um momento muito especial, em que contávamos histórias uma para a outra, criamos essa ligação baseada na confiança. E isso é com todos lá em casa, incluindo aí meus irmãos e irmã, não só com minha mãe.

Sobre meu pai, o que posso falar é que ele me apoia muito hoje em dia, sempre disse e diz que tem muito orgulho pelas conquistas que eu tive e pela pessoa que me tornei. Eu sinto que devíamos ter passado mais tempo juntos, mas não deu, a vida é assim, feita de escolhas. E ele escolheu tentar a sorte no garimpo e conhecer o mundo. Não o culpo por isso, mas ainda sinto essa falta de termos nos aproximado um pouco mais.

Como sou a filha caçula, sempre fui tratada como o bebê da casa, tanto pela minha mãe quanto pelos meus irmãos. Ainda hoje minha mãe me chama de bebê. Ai, que saudade de dormir com ela na cama e contar umas coisas que só ela vai entender!

# ADOLESCÊNCIA

**COM A ADOLESCÊNCIA CHEGANDO E O CORPO** mudando, tudo foi ficando um pouco mais triste. Eu fui me transformando cada vez mais em um menino e eu era muito tímido, porque não conseguia me ver no corpo que eu estava, porque eu não parecia nada com essa mulher poderosa e toda no glamour que eu sou, marotada! Me deixa acreditar, por favor, hahaha!

Eu olhava no espelho e via as formas masculinas ficando cada dia mais e mais evidentes e queria morrer por causa disso. Eu era cada vez menos o que eu queria ser desde pequena: uma mulher. Por exemplo, um pelinho que saía embaixo do braço, ou, pior, no queixo, me deixava louca, eu ficava passada de raiva e tristeza. Pelo menos a minha voz sempre foi a mesma, tive sorte que ela não mudou tanto e que não ficou mais grave.

Eu me sentia presa dentro de um casulo, sabe? Por dentro, eu sentia que era uma menina, mas por fora meu corpo jogava contra mim e estava se tornando outra pessoa, um garoto. Aquele que eu via no espelho não era eu.

Eu me sentia muito culpada por esse sentimento, principalmente porque sempre escutava dos amigos e da família, especialmente dos parentes mais velhos, o quanto ser gay era errado e que homem é homem e mulher é mulher. Nasceu assim, é assim que é, e ponto.

E pra piorar tudo na minha cabeça, além da negação do meu corpo masculino, eu também não sentia atração por meninas. E enquanto todos os meus amigos já tinham namorada, gostavam de alguém, ou mesmo estavam apaixonadinhos por alguma garota, pra mim nada disso funcionava.

Como eu não me enxergava no mundo real e achava que esse mundo não tinha espaço para mim e não me aceitava da maneira que eu realmente era, eu focava toda a minha atenção e energia no que poderia me distrair por um tempo. Eu só queria saber de jogar videogames, assistir a anime e jogar RPG de mesa com meu irmão e primos. Nesse espaço de imaginação eu podia existir; nesse espaço eu tinha chance de ser feliz e ser quem eu sentia ser.

> Sistemas de RPG que eu jogava e personagens memoráveis que criei:
>
> Eu jogava muito 3D&T, porque é um sistema simples e bem fácil de ser moldado para qualquer coisa. Sempre fui muito viciada em *Pokémon e Digimon*, então eu juntava a primaiada toda pra fazer aventuras no universo dos animes! Sim, a gente adaptava o sistema de jogo pra se passar no mesmo mundo desses personagens que a gente adorava (eu ainda adoro!).

> Outros sistemas que eu curtia muito jogar com meu irmão e os amigos dele era *D&D (Dungeons & Dragons)* e *Vampiro, a Máscara*.
>
> Meus personagens sempre eram voltados ao suporte da aventura e eram do sexo feminino; já que eu não podia ser uma barbiezinha na vida real, pelo menos ali, na minha imaginação, eu era diva!
>
> Em jogos online, eu também usei personagens femininos em praticamente todos os jogos.
>
> No Ragnarok, eu era bem conhecida e fiz parte de diversas guildas, algumas de RP (*role play*, mais focado em dar vida ao personagem que sair por aí explorando o mundo do jogo e enfrentando os seus perigos). Eu adorava mesmo interpretar minha personagem enquanto jogava! Meu nome era *Aqua Heartless* (brega, eu sei, me deixa!), uma *Priest Full Support*.

Na vida online, eu falava que fora do jogo eu era uma garota e por muitas vezes usava o nome de Amanda também, mesmo antes de transicionar. Pensando bem, não era uma mentira para mim. Eu ainda não tinha me aceitado, mas era o que eu era. Como hoje eu sou: Amanda. ☺

Minha rotina era muito fechada e igual: ir ao colégio pela manhã e no restante do dia ficar em casa, jogando *Playstation One* ou jogos no computador. Jogava muito *Final Fantasy VII* e *Final Fantasy VIII*, sempre me imaginando, claro, na pele das personagens mulheres. Sempre que tinha essa opção, eu jogava com as mulheres.

Eu tentava imitar as poses que elas faziam no jogo quando estava sozinha e até chegava a sonhar que estava dentro do game. Sim, eu ficava MESMO impressionada e me dedicava muito aos jogos (a loka!).

No computador, minha vida eram os jogos online, pois eu podia ser quem eu quisesse, e um jogo que marcou muito minha vida foi *Ragnarok Online*. Eu chegava a passar as quarenta e oito horas do final de semana conectada, jogando, e só dormia duas horas de um dia pro outro pra não perder a chance de upar (subir de nível no jogo, se é que alguém aí não sabe) e estar com meus amigos virtuais.

Mas por que esse frenesi todo no final de semana? Porque além de não ter a escola no meio, tinha o velho problema com a conexão da internet. Naquele tempo a internet era discada e isso significava que você precisava usar a linha de telefone, que ficava ocupado o tempo todo. No final de semana, começando no primeiro minuto do sábado, até as seis da manhã da segunda-feira, custava somente um pulso pra conectar, então eu aproveitava horrores. Porque a mamãe ama a Amandinha aqui, mas não ia perdoar se a conta de telefone arrebentasse o orçamento da família, né?

Voltando aos games, carrego o nome Amanda desde aquela época, com a força das personagens do jogo eu fui me moldando. Eu estava criando uma outra vida, a vida da Amanda. Era uma coisa que me deixava confortável, sabe por quê? Porque tinha momentos que eu até esquecia que fora do jogo eu era um menino.

# AS GAROTAS DA ESCOLA

**QUANDO EU ENTREI NA ADOLESCÊNCIA, EU CARRE-**
guei comigo o apelido de *Anjinho* e os traços que chamavam atenção. Mas ao mesmo tempo que meus cachinhos faziam sucesso, eu sofria de timidez. Bem diferente de hoje, que sou diva, glamourosa e poderosa! ☺

Como sempre tratei todo mundo com muito carinho e respeito (que é a forma que as pessoas devem ser tratadas), e minha forma de falar sempre foi delicada e calma, acho que algumas meninas acabavam gostando de mim, pois viam alguém que podiam confiar.

Afinal, os outros "meninos" eram diferentes, mal conversavam com elas e quando conversavam era pra dar em cima. Eu, pelo contrário, via as meninas como amigas, queria estar no mundo delas, queria ser como elas.

E acho que era por isso que eu recebia muitas cartinhas de amor na escola, algumas eram das minhas amigas, mas eu não respondia. E não era por falta de educação, não.

É que eu não sabia como reagir! Achava estranho além da conta alguém que eu via como uma amiga e irmã começar a gostar de mim, querer ficar comigo, essas coisas.

A imagem que eu tinha de mim naquela época era de um monstro, alguém completamente sem jeito, eu me achava horrível (só para registrar: hoje eu estou *superbem* com quem eu sou e, mesmo se algo não estiver como eu gostaria, eu sei que sou uma mulher incrível). Então, eu realmente não entendia o motivo delas gostarem de uma criatura esquisita como aquela que eu imaginava que era.

Lembro que às vezes eu me escondia dentro de casa por muito tempo, porque as meninas iam até lá me chamar para sair. Quando elas me encontravam, eu inventava toda uma história de que não podia porque minha mãe não deixava ou algo parecido. Teve até uma vez que eu disse que gostava de uma outra menina, que eu inventei, e por isso eu não podia ficar com elas. Eu falava tudo isso porque não queria machucar aquelas meninas e ao mesmo tempo também não sabia explicar muito bem o que eu sentia.

E como adolescente é um bicho difícil, né? Os poucos amigos que tinha perto de casa sempre me cobravam e queriam saber o tempo todo por que eu não ficava com ninguém e pegavam no meu pé mesmo, dizendo que as meninas eram *tribonitas* (essa gíria é do Sul!) e eu tentava não dar muita bola. Estas perguntas eram quase diárias e parecia um verdadeiro inferno, principalmente quando faziam piadinhas ou vinham sem discrição alguma já afirmando que eu era gay — hoje o nome disso seria bullying, é bem claro. Para me livrar deles, eu inventava que gostava de outra menina, fingia que não ligava e assim ia desconversando.

# PRIMEIRO BEIJO

**COM QUINZE ANOS, ENTREI NUM GRUPO DE TEATRO** da escola. A maior parte dos integrantes desse grupo era meninas, o que me deixava super à vontade. E entre todas as gurias, havia duas gêmeas, que eram a paixão de todos meus amigos porque elas eram supergatas, aquele estilo meio roqueirinhas, cabelão comprido preto e uma maquiagem superpesada.

A primeira vez que vi as duas, eu pensei: "Eu quero ser assim! É isso que quero pra mim! Preciso ser amiga delas", de tão incríveis que elas eram.

Nessa época, eu também estava em uma fase mais rock. E pra tentar me enturmar com o pessoal, eu passava o dia escutando Linkin Park, Evanescence, Ramones, Nirvana e diversas outras bandas que ainda escuto hoje em dia, mas no meio da playlist sempre tinha Rouge e KLB, bem escondidinho, porque ninguém podia saber que eu curtia, hahaha! Afinal, eu tentava criar e manter uma aparência de "malvadinho" para me incluir na turma.

Estar na turma do rock me tornava um deles e também era uma ótima estratégia. Por mais mirabolante que parecesse, era um plano que dava certo e então, com o passar do tempo, acabei ficando muito amiga da turma do teatro. Tanto que a amizade acabou ultrapassando os limites das aulas e todos nós frequentávamos as casas uns dos outros.

Nos dias quentes, costumávamos nos encontrar na casa das gêmeas, porque havia uma cachoeira enorme e então toda a galera acampava lá em alguns finais de semana. Era muito divertido. E eu fiquei, obviamente, mais próxima das duas irmãs.

Como passávamos muito tempo juntas, uma das gêmeas acabou gostando de mim, ela se chamava Vanessa. E por sermos muito amigas, eu gostava muito dela. Pensei: "Por que não tentar ficar com ela? Por que eu não tento namorar, afinal todo mundo diz que a gente combina."

Eu nunca tinha ficado com ninguém, talvez fosse isso, talvez assim eu iria aprender a gostar de meninas e talvez essa vontade de ser mulher acabaria e eu viraria um *homem*. Era isso que vinha na minha cabeça, quase como uma esperança.

Sabendo que ela gostava de mim, pedi ela em namoro e foi com a Vanessa que dei meu primeiro beijo, logo depois da aula de teatro, nos fundos do salão da igreja da cidade (quantos romances adolescentes não tiveram esse começo, hein?).

Gente, como eu estava nervosa, nossa! Eu lembro que não sabia nem que tinha que usar a língua, pensa! Para mim beijo era selinho e deu, né? Lembro que ela percebeu que aquele era meu primeiro beijo e entendeu, começou a pegar mais leve comigo. Ela era uma querida mesmo.

Nosso namorinho durou mais ou menos uns três meses e ficamos só nos beijos mesmo, porque ela me via como namorado e eu a via como amiga. Eu até tentava, mas não conseguia sentir nada além de amizade por ela, era como uma irmã mesmo, sabe?

A gente passava tanto tempo junto e contava tudo uma pra outra que não tinha como sentir algo diferente. Então decidimos acabar, falei com ela como me sentia e que não queria enganar ninguém, muito menos ela, sobre meus sentimentos. Ela entendeu e ficamos amigas, no fundo ela sabia que eu gostava de meninos, coisa que ela me contou depois, quando eu assumi que ficava com homens.

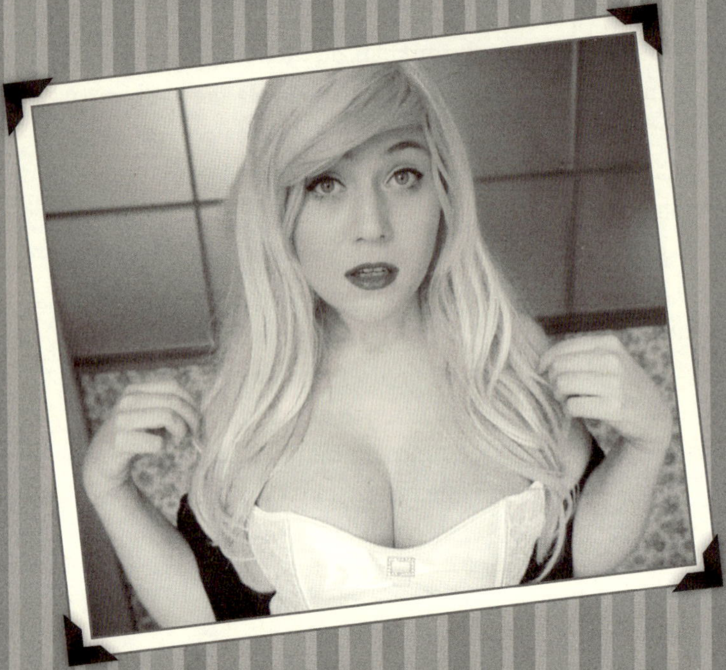

# SE ENTENDENDO COM A IDENTIDADE DE GÊNERO E ORIENTAÇÃO SEXUAL

**ACREDITO QUE NÃO SEJA SÓ COMIGO QUE TENHA** acontecido, mas com todas as manas e manos trans: quando chegamos à adolescência, surge aquela dúvida sobre o que somos de verdade.

Fico pensando que deve ser ainda mais complicado para as manas trans que são lésbicas, pois além de ter essa confusão toda com a identidade de gênero e com a negação do corpo, ainda gostam de mulher. Ninguém explica este tipo de coisa para um adolescente quando ele passa por estas questões.

Até acho que seria legal a gente explicar também a diferença entre identidade de gênero e orientação sexual, vamos?

Orientação sexual é quem te atrai: se é do mesmo gênero que o seu (homossexual), se é de um gênero diferente (heterossexual) ou ambos (bissexual) — só pra citar as mais corriqueiras, porque existem diversas outras como pansexual, assexual etc. Já identidade de gênero é como você se percebe no mundo, independente de qual for seu genital, se é pinto ou pepeca.

No meu caso, minha identidade de gênero é feminina e sou heterossexual (sim, uma mulher trans que se atrai por homem é heterossexual, pois nos vemos como mulheres, né? Vemos, não! Somos mulheres! Só pra explicar). 😊

Por isso, eu achava que era um menino gay, mas uma parte de mim estranhava porque eu não conseguia me imaginar ficando com um carinha gato e ele me ver como menino também. Eu tinha uma percepção de mim no mundo que não era masculina.

Ainda mais por que eu negava a todo custo que tinha um pintinho! Eu sabia que tinha algo ali — que, convenhamos, não era grande coisa. Tanto que tive que tirar uma parte da minha barriga pra minha cirurgia de redesignação sexual por não ter pele suficiente pra construir o canal da vagina. É nessas horas que eu queria ter um pirocão tipo o do Kid Bengala! Mas tudo bem, nem tudo é perfeito.

Então, mesmo não sendo uma grande coisa, aquilo ali pendurado no meio das minhas pernas já começava a incomodar, imagine: adolescência + hormônios = alguém acordando e assumindo posição toda hora que via um cara bonito.

Ai, gente, que sensação ruim que eu sentia, era só eu me esquecer por um instante do bendito, que o negócio já ficava alerta. Queria morrer! Volta e meia eu pensava em pegar uma faca e cortar fora o safado, porque eu não ia usar mesmo. Eu nunca consegui imaginar fazer sexo desta forma. NUNCA.

Não havia chance alguma! Mas ainda assim, fiquei um tempinho achando que eu era gay, porque se eu me atraía por garotos e era um garoto, né, eu era homossexual e pronto. Era tudo o que as informações que eu tinha na época confirmavam.

Como eu vivia assistindo anime, eu pensava que eu era um gay *uke* (nos animes *yaois* — gênero focado em relações homossexuais entre homens — sempre há um personagem que é o *seme* e outro é o *uke*; isso significa que o *seme* é o ativo e o *uke* é o passivo da relação, não só no sexo, mas em todas as ações da narrativa).

Eu podia simplesmente ter falado que era um menino passivo, mas naquela época o anime estava tão na minha vida que eu me via como o Sunao de *Sukisyo*, por exemplo!

Animes *yaoi* que eu curtia na época que achava ser *uke*:

*Gravitation*: eu curtia pelo alto astral do personagem Shuichi e o jeito que ele corria atrás dos objetivos dele. As músicas do anime são perfeitas também!

*Loveless*: é um drama, chorei muito assistindo. A arte é muito bonita e tem bastante representatividade! A gente vê casal de lésbicas, gays e tudo mais no anime. É muito bonito.

*Sukisyo*: por causa dele, ganhei o apelido de Sunao e fiquei conhecida assim durante a minha adolescência inteira. Principalmente nos eventos de anime que eu frequentava. No desenho, o Sunao é um garoto, mas parece uma garota! Quando assisti, me reconheci nele, tanto na personalidade quanto na aparência. Foi maravilhoso!

"Ok! Então, eu realmente gosto de caras, mas eu não consigo me imaginar saindo com um garoto, sendo eu um menino, então eu devo ser passivo, né?" E era assim que eu pensava naquele tempo, mas só pensava!

Vale lembrar que naquela época ainda não tinha tanta informação como temos hoje em dia sobre transexualidade e eu não sabia nada sobre identidade de gênero. Trans, travesti, drag queen, crossdresser era tudo a mesma coisa pra mim e eu nunca tinha ouvido falar em transexualidade, por exemplo, só pra vocês terem uma ideia.

Mas em compensação eu escutava muita bobagem, tanto na rua quanto dentro de casa. Coisas do tipo "ser gay tudo bem, desde que não use roupa de mulher, porque daí já é ridículo". Eu acabei crescendo com essa imagem na cabeça, né? De que ser travesti era a coisa mais feia do mundo e que essa "loucura" que eu sentia dentro de mim era o pior dos sentimentos.

Este tipo de conversa reprimia mais e mais os meus sentimentos e quem eu realmente era. Claro, eu tenho certeza que minha mãe falava isso sem qualquer intenção de me ferir, ela só reproduzia o que a sociedade inteira falava, porque, afinal, ela não queria que eu me machucasse. Mas fica a dica para qualquer pai, mãe, professor (ou quem quer que seja, qualquer um na posição de orientador): jamais fale coisas desse tipo! São clichês e preconceitos que podem marcar a criança ou o adolescente pela vida inteira.

E vocês querem saber como contei para minha mãe? Logo que eu entendi que eu curtia homens! Eu não ia conseguir esconder um segredo, eu sempre disse tudo para ela. Mas pelo pouco que eu lembro (e pelo que a minha mãe lembra), eu tinha dado uma festinha em casa com alguns amigos de Porto Alegre, cidade que eu costumava frequentar quando tinha os eventos de anime, e durante a festa eu falei para ela que eu beijava garotos — eu estava um pouco bêbada, então, na verdade, eu não lembro direito disso! Também não lembro direito como ela reagiu, mas mãe é mãe. Ela devia ter sacado e só estava esperando eu me sentir à vontade pra contar.

Após minha mãe ficar sabendo que eu gostava de garotos, ela começou a me tratar com mais cuidado e pensava mais antes de falar as coisas dentro de casa para não me magoar! Fiquei surpresa porque em nenhum momento ela me recriminou por causa disso. A gente sempre acha que os pais nunca vão nos aceitar e que vão até nos colocar para fora de casa porque infelizmente é o que acontece na maioria dos casos. Não sei o que passou pela sua cabeça, mas pelo menos na minha frente ela nunca deixou transparecer que minha identidade fosse um problema. ☺

Bem, deste dia eu só espero não ter falado nenhum outro babado para ela, porque sabe como é adolescente, hahaha.

Mas as coisas na minha cabeça iam ficar ainda mais complicadas.

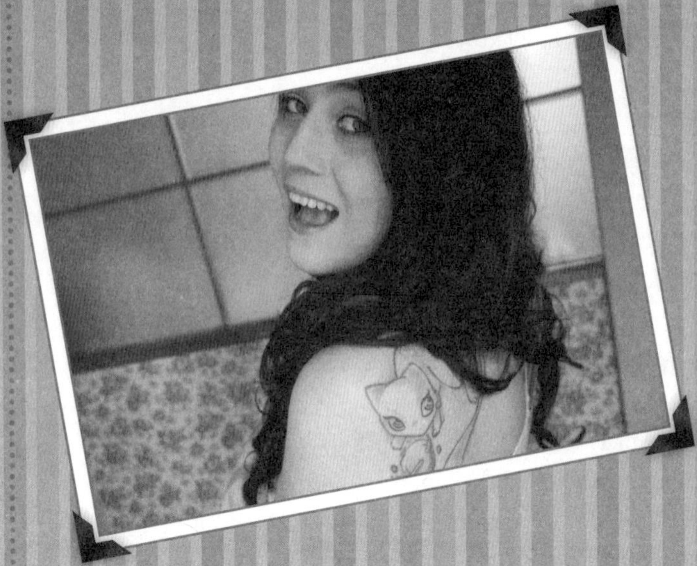

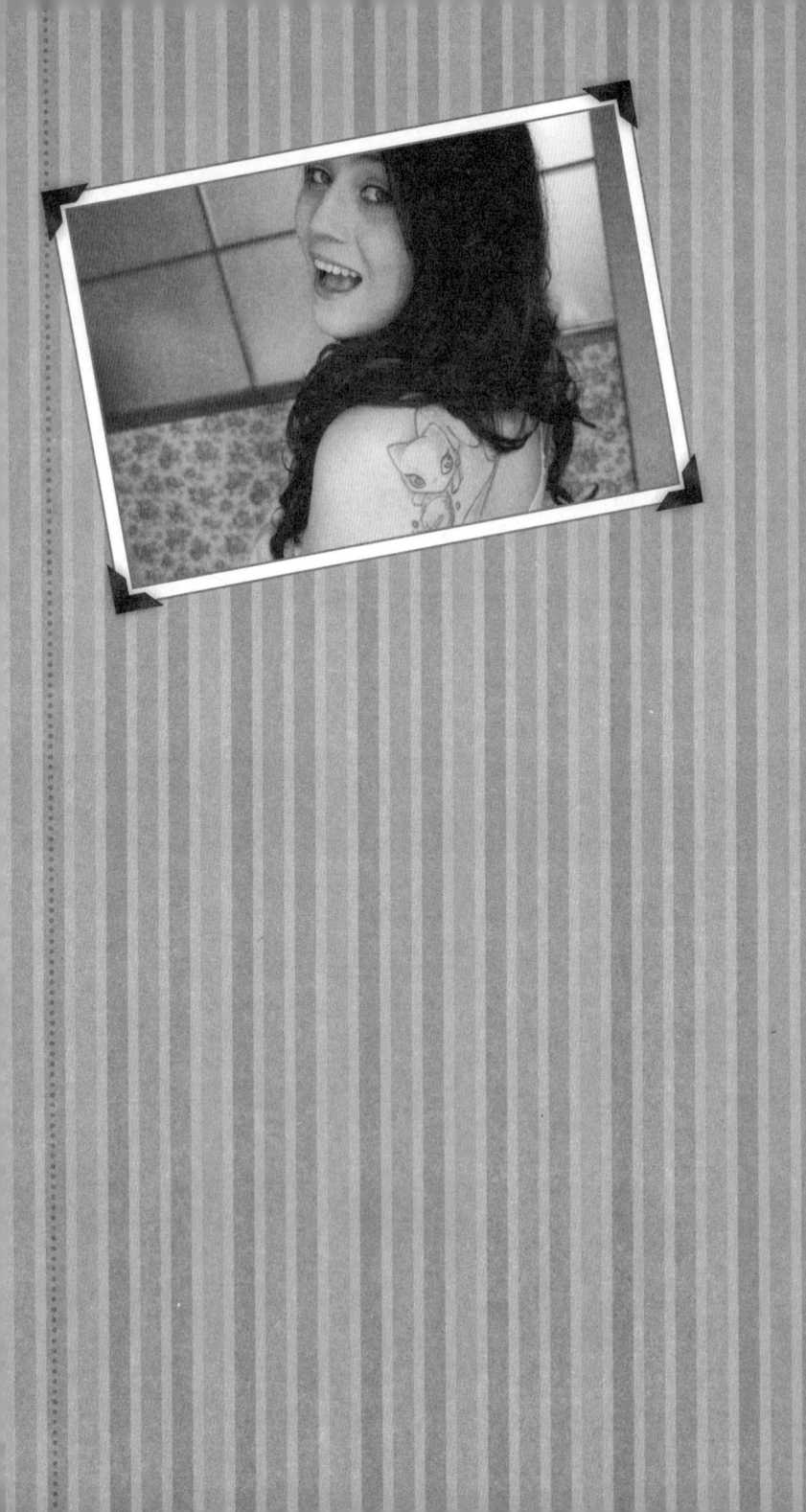

# PRIMEIRO GAROTO QUE BEIJEI

**EU CONTEI UM POUCO SOBRE COMO ERA MINHA** adolescência em um vídeo lá no meu canal do YouTube (vai lá no Mandy Candy e procura por: "Reação MINHAS Fotos de 'MENINO' Antes da Transição!" Sim, e tem mesmo estas fotos, pode acreditar!

Praticamente todos os amigos que eu tinha na adolescência eu conheci pela internet, porque era muito fácil conhecer gente com os mesmos interesses que eu: pessoas sem preconceito, que curtiam animes, games, J-Rock, K-pop e por aí vai! E muitos deles eram do meio LGBT também, né? "Manas viadas sempre!" De alguns deles sou amiga até hoje, estiveram por perto e acompanharam toda a minha transição.

Bem, eu não tinha ficado com nenhum menino ainda, eu sabia que eu gostava de boys mas não tinha comprovado na prática! Os únicos namorados que eu tive foram em jogos online e fóruns de RPG, e praticamente todos moravam onde Judas perdeu as botas! — Todo mundo sempre diz que a internet aproxima as pessoas, mas toda vez que eu me apaixonava a pessoa morava tão longe, tão longe, que ficava só na paixão mesmo. Era só comigo isso? Só para torturar nosso coração a vida faz dessas jogadas sujas, mas é bom que a gente aprende que nem tudo que queremos está a nosso alcance. 😊

Então eu não tinha de fato ficado com nenhum cara; me atraía, mas não sabia como era.

Até que em um dia de tédio resolvi entrar no bate-papo da Uol (porque antes das redes sociais tipo Twitter e Facebook bombarem as pessoas conversavam — e brigavam — nessas salas de conversa dos portais de internet). Eu sempre entrava nestes chats, mas em grupos de conversa sobre cultura asiática ou RPG. Mas nesse dia eu queria tentar algo diferente!

Fui mais ousada e arrisquei procurar alguém por perto. Daí escolhi a sala de Porto Alegre porque era bem perto da minha cidade e ao mesmo tempo não corria o risco de ter algum conhecido chato lá. Imagina a gente dando em cima de um gatinho e quando vê é nosso primo? Não rola, né?

Nessa sala, conheci um garoto um ano mais velho que eu e conversamos bastante sobre nossa vida, música, games, e por termos nos dado bem no chat nos adicionamos no Orkut e no MSN! (RIP!)

No Orkut dele, não tinham muitas fotos, mas nunca liguei pra isso, por mais que pareça clichê, sempre me atraio mais pelo que a pessoa é do que a aparência dela. Talvez por ter aprendido desde cedo a olhar para dentro de mim e saber que era muito diferente do que o espelho mostrava.

Seguimos conversando durante a semana toda e marcamos de nos encontrar na sexta-feira. Como eu morava em Morungava, ficava ruim pra voltar pra casa à noite, por isso decidimos que eu ia dormir na casa dele.

Eu sabia que iam rolar uns beijinhos, mas não fiquei nervosa porque ficamos muito amigos, acima de tudo. O que me deixou nervosa foi que a minha mãe quis me levar até Porto Alegre pra conhecer a mãe do garoto e ele, pra ver se eu podia ou não dormir lá e tal. Que mico, hahaha! Mas ela estava certa, né? Não havia nenhuma garantia de que o garoto falava a verdade e não era um assassino ou um maluco.

No fim, minha mãe adorou os dois e ficou amiga da mãe do garoto, e ela aprovou não só dormir na casa dele como passar o fim de semana todo lá!

Quando vi o menino pela primeira vez, fiquei supernervosa, pois nunca tinha saído com meninos. Ele era superbonitinho, todo arrumadinho com roupa de marca, bonezinho, todo perfumado, bem boy, sabe?

Eu, por outro lado, estava na minha fase *emo-gótica-otaku*: sempre andava com calça rasgada no joelho, cabelo cheio de creme e franja com chapinha, meu cabelo era enrolado atrás, mas com a franja lisa cobrindo o olho! Um horror! Hahaha.

Mas nos curtimos logo de cara, sabe quando a gente bate o olhar e a pessoa corresponde? Foi assim.

Então fomos para a casa dele. Chegando lá, lembro que fizemos coisas normais que qualquer garoto adolescente faz: assistimos a filmes, jogamos videogames, depois assistimos a um pouco de anime.

Naquela noite, a mãe dele ia para uma festa e falou para a gente dormir no quarto dela que era mais confortável. Quando vi que ia dormir na mesma cama que o garoto quase surtei: COMO ASSIM? Será que ele vai ver meu corpo nu? O que que eu faço? Quero ir embora! Aaaaaaaaaaiiii!

A primeira coisa que veio na minha cabeça foi ter que fazer coisinhas, e nem beijado garotos antes eu tinha! Ai, que nervoso! Sem contar todo o problema de aceitação que eu tinha em relação ao meu próprio corpo (não somente a questão genital, né?).

Quando a mãe dele saiu e ficamos sozinhos na casa, veio aquele silêncio constrangedor e deu pra perceber que o garoto também não esperava por isso. Depois de um tempo, fomos para o quarto e começamos a conversar sobre o que íamos fazer, e era a primeira vez que ele ia ficar com um menino também. Durante a conversa, a gente foi se aproximando e quando vi já estávamos nos beijando.

Esse beijo foi diferente pra mim, pois até então eu só tinha ficado com meninas e quando eu beijava as meninas eu sentia como se fosse um beijo de amigas, sabe? Não tinha aquele fogo dentro do peito.

Por um instante, eu esqueci quem eu era e me entreguei às sensações, parecia um sonho estar ali com um garoto, mas quando eu menos esperava ele colocou a mão por cima da minha calça e, viadaaaaa, o sonho virou pesadelo! Porque então eu voltei pra realidade e lembrei quem eu era.

Pensei comigo mesmo: "gente, ele tocou no meu pinto, ele quer meu pinto, nem eu toco nessa coisa! Como alguém vai tocar aí?" Parei de beijar e tirei a mão dele dali.

Não sei por quê, mas me senti suja e triste. Ele não me via como eu gostaria de ser vista, ele me via como um menino. Okay, eu era um menino ali, mas no fundo sabia que não queria ser isso, porque não era isso que eu era na verdade.

Como já era noite, eu pedi desculpas, virei pro lado e fui dormir. O garoto ficou sem entender e, no outro dia, quando a gente acordou, eu falei que não estava pronta e que poderíamos continuar amigos.

Nesse dia, minha confusão sobre quem eu era ficou maior ainda, porque até então eu achava que era um menino homossexual, mas como eu poderia ser gay se eu não queria ser vista como homem pelo cara que eu estava beijando?

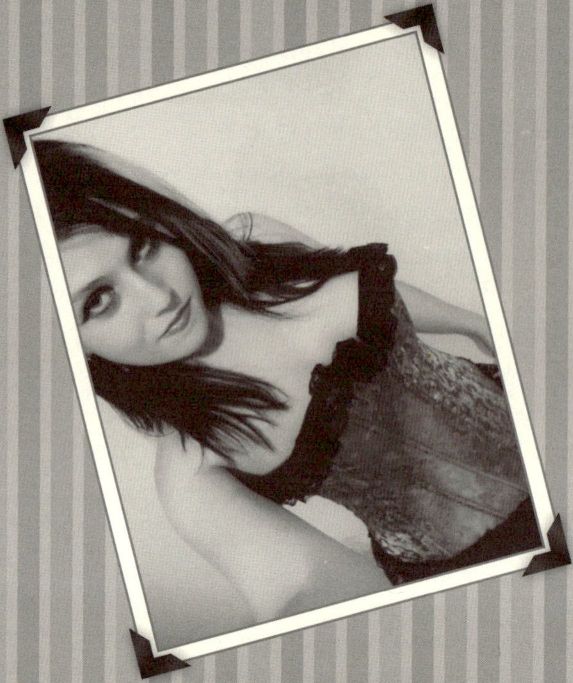

# ME MONTANDO SOZINHA EM CASA

**DEPOIS DO PRIMEIRO BEIJO E SAÍDA COM O MENI-**
no que conheci no bate-papo da Uol, eu até saí com mais alguns carinhas que conhecia pela internet ou em festinhas que costumava ir. Mas estes contatos nunca passavam dos beijos. Sexo nem pensar!

Eu me atraía por eles, mas não conseguia ter nenhum tipo de relacionamento mais profundo. Não sei explicar muito bem qual era o sentimento, mas parecia errado não ser vista como eu queria. Por mais que eu tentasse, não conseguia me aproximar de ninguém porque eu estava no corpo que considerava errado.

Eu curtia os boys, mas faltava alguma coisa. A falta de interesse por sexo não era nada normal, ainda mais naquela idade, com os hormônios fervendo!

Nessa época, quando estava sozinha em casa, adorava me olhar no espelho e tentar me ver como uma garota, então às vezes eu usava as maquiagens da minha mãe e da minha irmã (escondido delas, é claro) pra ver como ficaria "se eu fosse uma menina".

Eu me achava superlinda e poderosa quando colocava um batom vermelho e um olhão todo trabalhado em delineador, mesmo não sabendo usar nada de maquiagem, era melhor do que ficar com a cara limpa — até hoje não sou muito boa com isso: procura no meu canal do YouTube o vídeo chamado "Fui me maquiar e invoquei o Capiroto".

Eu pegava as roupas da minha irmã e as botas da minha mãe — que, por sinal, eram várias! Tá pra nascer alguém que goste mais de botas que minha mamys querida e, por sorte, calçamos o mesmo número (37/38, seus marotinhos curiosos! Sempre me perguntam quanto eu calço, não sei por quê, mas aceito presentes, hahaha).

Daí eu me montava toda e saía desfilando pela casa, me olhava no espelho e ficava fazendo umas poses. Quando lembro disso agora me sinto muito ridícula, mas acho que era um momento importante e que eu tinha que fazer aquilo, sabe? Para me sentir poderosa, feminina, mulher. Era o começo de minhas próprias descobertas.

Não que maquiagem ou uma bota ou uma saia me fizessem ser mulher, ser mulher é muito mais do que isso e hoje eu sei muito bem, mas era como eu conseguia colocar para fora aquele meu sentimento, era uma forma de me firmar, de me sentir no mundo. Era como eu conseguia me enxergar como menina.

Aquela foi uma época em que rolaram muitos acontecimentos bonitos e comoventes também, mas esse era o único momento, o único, em que eu me sentia livre.

Quando eu ficava sozinha, quando não tinha ninguém me olhando, eu podia tirar aquela casca, aquela fantasia de menino, e ser quem eu era de verdade.

O problema era que inevitavelmente sempre batia aquela bad em algum momento, aqueles pensamentos do tipo "por que eu sou assim?", "eu devo ter algum problema", "eu estou fazendo algo que é extremamente errado" e por aí vai. É nessas horas que pesa a solidão em cima da gente.

Neste período, eu passava a tarde toda sozinha em casa, porque minha mãe e minha irmã trabalhavam no colégio nos turnos da tarde e da noite.

Como eu acabei os estudos com dezessete anos (repeti dois anos por faltas, mas conto isso num outro capítulo do livro, esperem só um pouquinho), acabei ficando em casa sozinha a maior parte do tempo e dá para dizer sem exagerar que eu passava o dia todo "montada" (usando as roupas e maquiagens da minha irmã).

Óbvio que era sempre quando as duas estavam trabalhando, pois nessa época ninguém sabia que eu era trans, nem mesmo eu!

Eu achava que era um gay afeminado por gostar de usar roupas femininas e não me enxergar como menino. E essa foi minha rotina até os dezoito anos: ficava em casa nos dias de semana montada e nos finais de semana ia pra Porto Alegre visitar os amigos que fazia pela internet.

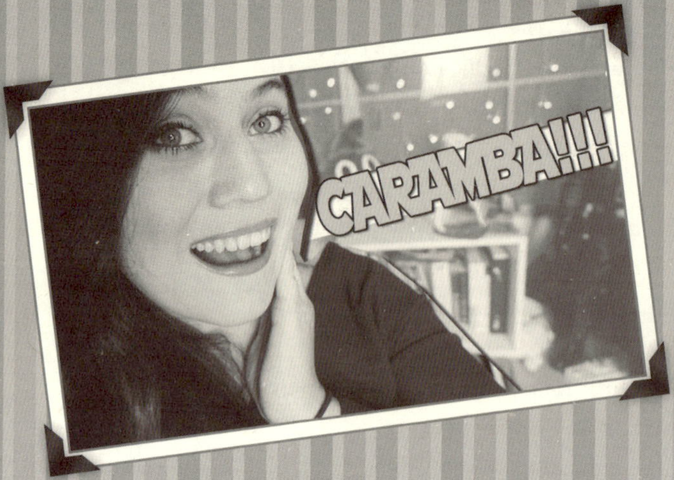
CARAMBA!!!

# COMO FOI A DESCOBERTA
# DA TRANSEXUALIDADE

**EM MORUNGAVA, EU USAVA ROUPAS NORMAIS, MAIS** larguinhas, calça jeans, camiseta largona. Eu tentava de todo jeito não deixar minha feminilidade aparecer. Cidade pequena, né? Vocês podem imaginar como era.

Eu já era muito zoada pelo povo, não queria ser mais. Mas quando ia para Porto Alegre eu ficava mais soltinha. Tinha até algumas roupas que eu comprava e deixava na casa de uma amiga para vestir quando a gente fosse em alguma baladinha de lá. Eram camisetas e calças mais justas e eu me sentia mais bela, hahaha.

Essas roupas ficavam coladinhas no meu corpo e como sempre fui mais feminina, acabava sempre sendo confundida com uma garota. Eu fingia ficar brava quando me chamavam de moça na frente dos amigos, mas por dentro eu gritava de felicidade.

Esta foi uma fase de baladinhas e visual andrógino, e, no fim da adolescência, eu fiz um "amigo" um pouco mais velho, em uma das baladinhas *otaku* que eu tinha ido. Na verdade, a gente nem chegou a entrar na balada, porque meus amigos e eu gostávamos mesmo era de comprar as bebidas mais baratas em botequinhos que ficavam perto das baladas, sentar lá na frente do festerê e ficar bebendo. Saía mais barato e chegava a ser mais divertido que as festas.

Nesse dia, conversei muito com "ele" (vou explicar o porquê de usar aspas: mesmo que nessa época por fora fosse um menino, ele, na verdade, sempre foi ela. É importante deixar isso aqui: nós não viramos mulheres, SEMPRE FOMOS MULHERES).

Nossa conversa era sempre aquela: animes, J-Rock e games, que eram nossos gostos em comum. Como a gente se deu muito bem, acabei adicionando ele no Orkut.

Pela internet, a gente não se falava muito, até que um dia vi que ele tinha mudado o nome do perfil para o nome de uma garota, "Lunna". Fiquei curiosa e perguntei o que tinha acontecido.

Daí "ele" me falou que tinha se descoberto como "ela", que tinha começado o tratamento hormonal pra transicionar, porque era uma mulher transexual. Quando ela falou, meus olhos provavelmente brilharam imensamente, igual aos animes! Daí enchi a coitada com diversas perguntas toscas tipo: COMO ASSIM PODE VIRAR MULHER? TRANSICIONAR? TU VAI SER UMA MULHER? TEM CIRURGIA PRA TIRAR O PIROCO? AI, MEU DEUS! EXISTE CIRURGIA PRA TIRAR O PINTO E FAZER UMA PEPECA? GENTE, COMO ASSIM?

Sabe quando você está no fundo do poço, sem fé nenhuma de que você vai conseguir sair dele e do nada surge uma corda pra te tirar de lá?

Acho que não, né? E espero que não, marotada, vocês são maravilhosos e eu não desejaria que ninguém passasse pelo que eu passei, eu espero que ninguém mesmo tenha se sentido no fundo do poço, né? Mas foi bem nisso que pensei pra exemplificar o que senti na hora.

Porque tudo que eu sentia lá na minha infância e início da adolescência, eu já tinha trancado dentro de mim (tá certo que às vezes eu colocava pra fora quando usava as roupas da minha mãe e irmã escondidinha, mas era reprimido).

Então quando ela me falou sobre transexualidade, percebi que não estava sozinha e que havia mais pessoas na mesma situação, que sofriam do mesmo jeito que eu. Isso era algo realmente sério e tinha como "arrumar".

Lembro que passamos a noite inteira falando sobre o assunto e ela me explicou como se sentia e o que era transexualidade. Depois que acabamos a conversa, eu continuei pesquisando sobre isso, porque era tudo muito novo para mim.

Achei diversos grupos no Orkut e um que me ajudou muito nesse início de descoberta era um grupo sobre o que se chamava na época de Disforia de Gênero, e que tinha várias meninas e meninos trans no início da transição, compartilhando informações, sentimentos e tudo mais. Ele era mediado por uma psicóloga, então tinha suporte total.

Eu não saberia explicar o que eu senti. Foi como se um elefante saísse de cima das minhas costas e toda culpa que tinha por ser como eu era sumiu. Puf!

Toda aquela confusão de não me ver como um menino gay, a repulsa de encostar no meu genital, o desespero de não me imaginar envelhecendo como homem, finalmente tudo isso tinha uma resposta e um fim. Eu tinha me encontrado e agora sabia que tinha uma forma de resolver o meu problema.

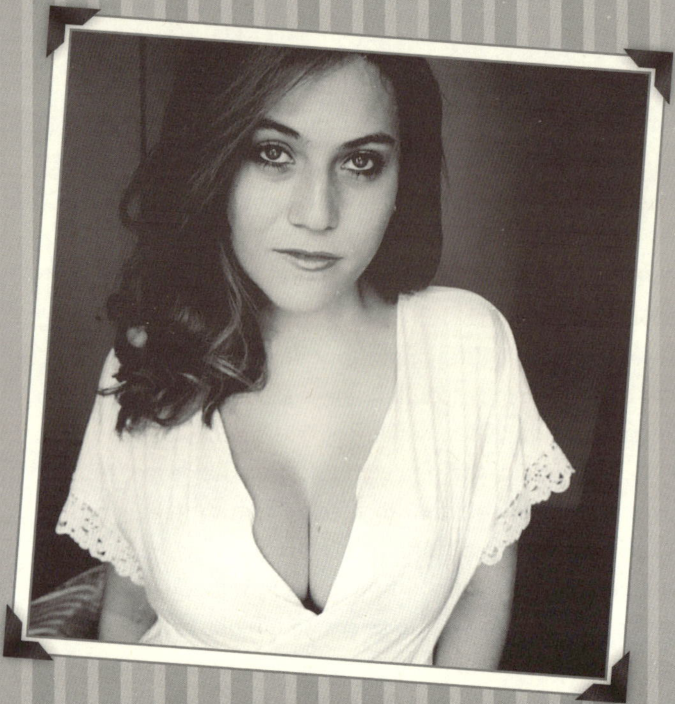

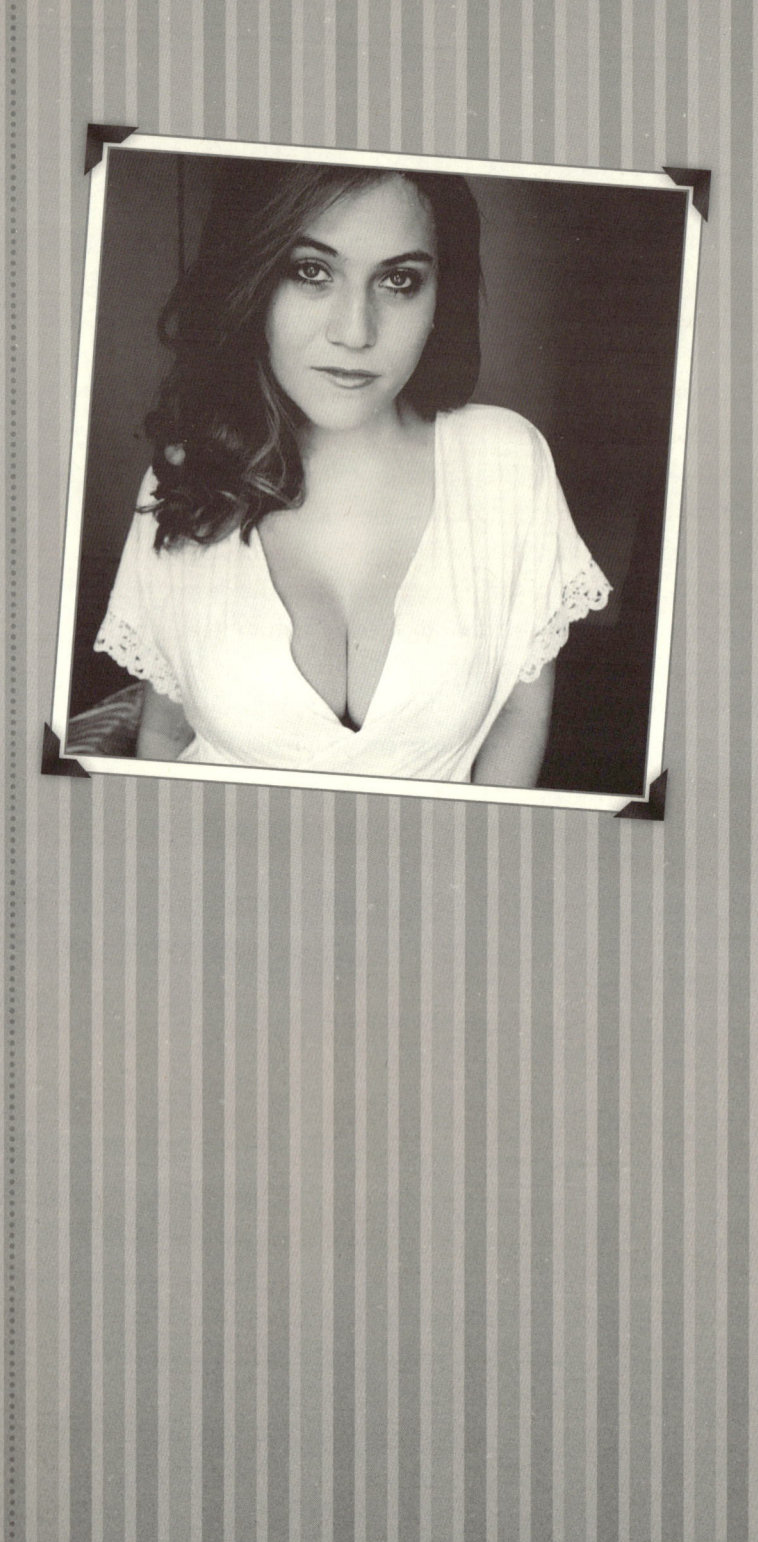

# COMEÇO DA TRANSIÇÃO E TRABALHO

**PRECISO CONFESSAR QUE EU CONHECI VÁRIOS ME-**ninos depois de começar a transição e, se eu tinha perdido muitas oportunidades antes por não me aceitar, acabei compensando. Botei pra quebrar após iniciar o tratamento!

Antes de começar o tratamento com hormônios, eu já era muito feminina, então quando comecei a transição de gênero pra valer e a viver como mulher vinte e quatro horas por dia, passei a levar uma vida quase normal. Se eu não mostrasse meus documentos (qualquer um dos dois, hahaha) ninguém sabia que eu era uma mulher trans.

Logo após abrir meu coração e assumir minha transexualidade para a família, fui até o meu guarda-roupas, peguei todas as roupas, coloquei em um sacolão e dei para minha mãe levar para doação, porque eu não queria nada mais que me lembrasse do passado! Agora eu era outra pessoa, ou melhor, era eu mesma. Na mesma semana, fui com minha irmã comprar algumas blusinhas e uma calça jeans, pouca coisa, pois já tinha ficado com muita roupa que ela não usava mais. Lembro da primeira blusa que eu comprei, ela ia até o joelho (bem, era um vestido, mas eu não me sentia confortável ainda para usar, então virou uma blusona) e era rosa clarinha com listras em rosa pink! Superfofinha!

A primeira vez que pisei fora de casa como Amanda foi uma mistura de alegria, medo e vergonha. Todos me conheciam, mas somente minha família sabia que na verdade eu era uma mulher e agora viveria como tal. Eu estava morrendo de medo de chocar as pessoas e causar constrangimento à minha família. Primeira vez é sempre complicada em tudo, né? Mas depois que acontece a gente acostuma!

As pessoas ficaram chocadas ao me verem vestida como uma garota? Sim.

Teve piadinhas? Teve.

Foram fazer fofoca para minha mãe? Sim, mas como uma boa mãe coruja minha mãe rebateu os comentários e ignorou todo mundo que ousou falar coisas negativas sobre minha transição.

Eu estava entrando na casa dos vinte anos e já tinha terminado os estudos há algum tempo quando comecei o tratamento. Eu também tinha começado a trabalhar em uma empresa de telemarketing para poder pagar os remédios e juntar dinheiro pra minha cirurgia de redesignação sexual (e é um custo enorme isso tudo, vocês não têm noção!).

Nos primeiros meses de empresa, as únicas pessoas que sabiam que eu era trans eram os coordenadores e alguns supervisores de equipe, porque só eles tinham acesso ao meu antigo nome de registro (que ainda constava nos meus documentos oficiais).

Da parte da chefia, sempre tive apoio. É claro que sempre surgiam dúvidas porque eu tinha um nome de homem e era mulher, então eu perdia um tempo grande para explicar que eu era uma mulher trans e o que é uma mulher trans. Pelo menos na minha frente, eles nunca fizeram nenhum tipo de piada e sempre souberam guardar muito bem essa informação.

Claro que sempre rolava fofoca e, depois de alguns meses trabalhando lá, de alguma maneira alguém soube que eu era transexual, e a informação foi passando de pessoa para pessoa. Às vezes nas pausas, quando eu ia comer, as pessoas começavam a me olhar e cochichar em volta, e dava para perceber que era sobre mim que falavam.

Mais um alerta: se você tem alguma dúvida se a pessoa é transexual ou não, você tem duas opções: ou guarda isso para você mesmo ou vai diretamente pra pessoa e pergunta! Perguntar não tira pedaço e ajuda a não criar esse clima chato. Por mais que você pense que está sendo discreto, a gente sabe quando estão falando sobre nós, né?

E como ninguém em quase três anos de empresa NUNCA veio me perguntar sobre esse assunto, as fofocas começaram a aparecer e cada um falava que eu era uma coisa. Algumas pessoas diziam que eu era hermafrodita, quando a pessoa nasce com os dois genitais, pepeca e pinto, enquanto outros diziam que eu era uma menina que queria virar menino... Hahaha!

Sempre fui muito esforçada em tudo o que eu faço. Infelizmente, quem é diferente em algum aspecto, seja por ser trans, gay, seja por qualquer outra coisa, até gostar de um estilo, ser tatuado, não importa, quem se destaca na sociedade por qualquer motivo precisa se esforçar três vezes mais do que o restante das outras pessoas para conseguir respeito no trabalho. Ou seja, temos de fazer muito mais para sermos tratados como iguais.

Eu realmente precisava daquele emprego para continuar meu tratamento hormonal e juntar dinheiro para a minha cirurgia — mesmo que levasse dez anos, eu ia conseguir juntar o que fosse e realizar meu sonho.

Então, por mais que o trabalho fosse do capiroto, eu me empenhava horrores. Porque, vou te falar, atender ligação não é fácil como parece, não! Imagine escutar xingamento do início ao fim do expediente de trabalho? Ninguém liga para elogiar o serviço; quando as pessoas ligam para um telemarketing de uma empresa elas já estão estressadas o suficiente pra descer o pau! Tenho cer-te-za de que você, leitor, já deve ter xingado, no mínimo, umas cinco vezes a mãe de algum atendente!

Nunca faltei um dia de serviço, sempre atendia muito bem o cliente e, com isso, as minhas notas de atendimento sempre ficavam lá no topo, e em seis meses de atendimento fui promovida para dar suporte a quem estava começando a atender.

Como meus atendimentos eram rápidos e eficazes, a empresa pediu que eu e mais alguns outros colegas ajudassem os que estavam começando no atendimento. Meu trabalho era ficar andando de um lado para o outro e quando alguém entrasse em pânico, sem saber o que fazer com o cliente, eu tirava as dúvidas e ajudava a pessoa no atendimento.

Por causa disso, fiquei conhecida na central no turno que trabalhava. E acredito que este foi um dos motivos para as fofocas sobre "o que eu era" e eu ficava me sentindo uma mutante, tipo X-Men!

Fiquei três meses trabalhando nisso, até ser promovida de novo, agora para o *backoffice*, e com isso eu já não trabalhava mais no atendimento, eles me colocaram em um setor chamado *red customer*, ou seja, aqueles clientes que estavam com problemas complicados e que nenhum atendente conseguia resolver!

Quando fui trabalhar nesse setor, a supervisora, antes de eu entrar, sabendo que eu era trans, falou para todos os atendentes do grupo sobre minha condição e completou exigindo respeito, afirmando que não ia tolerar nenhum tipo de piadinha ou preconceito contra mim.

Foi minha melhor época na empresa, porque como todo mundo sabia que eu era transexual, não havia fofoquinha ou piadas sobre mim. O ruim era o trabalho em si, porque basicamente eu tinha que lidar com problemas gigantes!

E após mais três ou quatro meses nesse setor, trabalhando no turno da tarde, fiquei sabendo que havia uma vaga para trabalhar de madrugada, respondendo e-mails e outras ocorrências da central de atendimento. Como sempre fui uma corujinha e o salário da noite é maior, me candidatei na hora. E porque eu era uma boa garota, me transferiram! Eba!

E então, quando mudei para o turno da madrugada no trabalho, aconteceu uma coisa nada legal.

Na madrugada, eu não conhecia ninguém e também nenhum deles sabia nada sobre mim, porque as fofocas rolavam só no turno da tarde.

Sempre que precisava conhecer uma equipe nova eu ficava muito nervosa, porque não sabia se eu falava ou não que era uma mulher trans, mas como ninguém ali me conhecia e o turno era completamente diferente do que eu trabalhava antes, resolvi contar só pra supervisora, que manteve sigilo e sempre me respeitou, sempre me chamando pelo meu nome, Amanda.

Mesmo assim, depois de alguns dias de trabalho, alguém do turno da tarde, que era amigo do pessoal da madrugada, contou pra eles que eu era transexual.

Então um dia, quando estávamos trabalhando, um garoto falou: "Hoje em dia precisamos ter cuidado, porque quando a gente menos espera tem mulher com banana por perto." E todo mundo riu!

Fiquei tão em choque do infeliz ter falado isso do meu lado, que realmente não caiu a ficha, achei que tinha ouvido errado, porque na minha cabeça e com a minha educação eu nunca imaginei que alguém tivesse tanto desrespeito para falar isso pra mim.

Não demorou muito para que TODOS os garotos que sentavam próximo começassem a fazer piada sobre travestis, "mulher kinder ovo", cilada e outras besteiras dessas.

Quanto mais eu me constrangia, mais eles riam. E isso se seguiu durante horas, eles faziam essas piadas enquanto todos trabalhavam e riam de mim. Eu sequer me mexia, mantinha o rosto voltado para a tela do computador, imóvel. Eu estava tentando me manter no salto, mas, na verdade, estava quase chorando.

E então, quando eu não aguentei mais, levantei com cara de choro e a equipe parou de falar e rir. Fui até a supervisora, que não tinha feito NADA para que parassem com as piadas (espero MESMO que ela tenha ficado quieta porque não escutou), e falei que não admitia continuar naquela equipe, que estava constrangida e ela devia me mudar pra outra ilha.

Pra não ter maiores problemas, porque se tem uma coisa que eu crio é problema quando alguém mexe comigo, ela falou que ia me colocar em outra equipe já no outro dia. Juro que, quando voltei pra casa nesse dia, eu pensei em pedir demissão. Porque ser xingada por um cliente é ruim, mas tudo bem, nunca foi pessoal; agora, ser alvo de piada de colegas de trabalho eu não tinha como suportar.

Nessa outra equipe, não tive nenhum problema, porque naquela altura do campeonato todo mundo já sabia o que tinha acontecido antes, né?

É claro que durante muito tempo ainda rolaram piadas e risadinhas pelas minhas costas, mas felizmente havia pessoas muito boas lá, fiz amigas maravilhosas que levo até hoje e me ajudaram a suportar esse peso! Rolou até uma ficada.

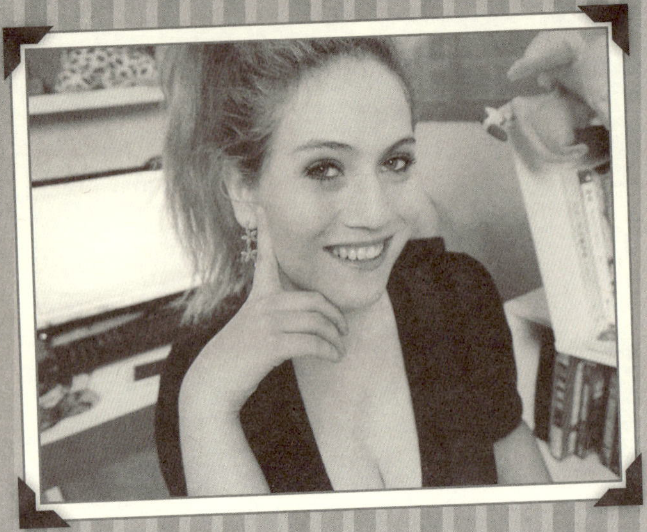

# ROLOS COM COLEGAS DE TRABALHO

**FOI DURANTE ESTE TRABALHO EM QUE EU ESTAVA** que iniciei a transição física. Eu era bastante assediada por alguns garotos. Vocês sabem o que é *call center*? É uma sala com muita gente, mas muita gente! E sempre acabam rolando umas paquerinhas.

Só que eu ficava na minha, pois queria viver *stealth* (que nem naqueles jogos que você tem de passar despercebido). Eu não falava sobre ser trans com as pessoas com medo do preconceito.

Logo que entrei na empresa, eu passei por um treinamento de trinta dias e então fui colocada no turno da tarde. E a minha equipe era a única que não tinha supervisor fixo, cada dia um supervisor diferente assumia. Em um dia desses, apareceu um supervisor que me chamou a atenção porque tinha os olhinhos puxados (sempre senti atração por pessoas com carinha oriental, eu sou a típica Maria Hashi). ☺

Como eu já tinha feito antes com todos os outros supervisores, eu chamei ele num canto e falei que era trans e pedi pra ele, se fosse possível, me chamar de Amanda, em vez do nome que estava escrito na lista de operadores. Eu estava com muita vergonha, porque eu tinha achado o boy superbonitinho, então já chegar com esse babado na primeira conversa era pra matar.

Ele olhou para mim com uma cara de curioso e mandou um:

— Ok, mas como assim? O que é isso? Trans? — incrível como muitas pessoas não têm ideia do que seja uma mulher ou homem trans, né? Sempre fico passada em saber que tem tanta gente que nem tem ideia de que existimos.

Daí eu tive que explicar que eu tinha genital masculino, mas na verdade me entendia no mundo como uma mulher e todos aqueles blá-blá-blás que já expliquei milhões de vezes pra todo mundo e tal. E pra minha surpresa ele sorriu e soltou um "Tudo bem, AMANDA" e me mandou ir trabalhar.

Eu já tinha achado ele um fofo e depois dessa atitude fiquei ainda mais caidinha pelo boy. Durante o dia todo, ficamos naquela de trocar olhares durante o trampo, eu por achar ele bonito e ele por curiosidade. Quando acabou o expediente, fui dar uma de detetive para descobrir o turno que ele ia trabalhar (ah, ele tinha acabado de entrar na empresa como supervisor).

Perguntei pra um, perguntei pra outro, e bem no fim me indicaram uma lista das equipes e futuros supervisores.

Daí eu ousei: descobrindo o horário dele, fui no coordenador e pedi para mudar pro mesmo horário que esse supervisor! Ok, eu achei ele bonito e tudo mais, mas o mais importante é que ele tinha me tratado superbem e eu tinha me sentido tão segura que eu queria ficar fixa em uma equipe, porque pra mim era muito tenso me apresentar a cada supervisor que aparecia e precisar explicar sempre quem eu era, qual era o processo por que eu estava passando e pedir pra me chamar de Amanda.

Não sei se foi meu carisma ou se foi sorte do destino mesmo, mas o fato é que conseguiram me encaixar para o outro dia já, e assim comecei a trabalhar na equipe dele.

Durante alguns meses, a gente trocava olhares e sorrisinhos, mas nunca rolava uma conversa mais a fundo, apenas os assuntos de trabalho mesmo. Eu era muito tímida e ele era meu supervisor, né? Não ia cair bem falar alguma coisa dentro da empresa, eu acho...

Nesse tempo, fiz algumas amigas na equipe e a gente saía pra umas baladinhas depois do serviço e nos finais de semana. Em um dos *findis*, em vez de dar *close* em balada, decidi fazer uma festa na minha casa. E já que eu morava longe de Porto Alegre, convidei todos pra dormirem lá! Eram três meninas e dois meninos, e eu esperta tomei coragem e convidei o supervisor pra ir também.

Cheguei bem mansinha depois de ter acabado meu trabalho e falei que as gurias iam para a minha casa beber, jogar videogame e conversar, e perguntei se ele queria ir junto. Para a minha surpresa, o boy falou que ia, porque não tinha nenhum plano para aquela noite! Nunca achei que ele ia querer ir, afinal a gente mal conversava, né? Fiquei superfeliz e esperamos até acabar o turno dele pra irmos juntos pra minha casa.

Nós compramos umas bebidas no supermercado, alguns petiscos pra comer (salgadinho mesmo) e fomos para meu quarto ver besteiras na internet enquanto virávamos as pingas! O tipo de coisa que jovem faz passando a noite em casa...

Nessa noite, eu fiquei o tempo todo trocando olhares com ele, mas estava muito tímida pra conversar sobre qualquer coisa. Por mais que não pareça pra quem me vê no YouTube, viro um poço de timidez quando estou a fim de alguém.

As meninas que estavam com a gente perceberam um clima entre o boy e eu porque a todo momento ele tentava sentar do meu lado na cama. Então as pessoas foram saindo aos poucos do quarto, até ficarmos só nós dois, sozinhos.

Quando isso aconteceu meu coração parou e eu não sabia o que fazer! Num impulso, perguntei se ele gostava de K-pop. Eu não sei muito bem porque fiz isso, mas nessa época eu era viciadona neste estilo. Para quem não sabe, é música pop coreana e praticamente todas as minhas músicas da playlist eram K-pop. Então, entre a empolgação e o nervoso, saí com essa.

---

Bandas de K-pop que a Mandy ama:

Escuto até hoje todas elas! Procure os vídeos no YouTube, porque elas arrasam!

- 💜 T-Ara
- 💜 Super Junior
- 💜 Sistar
- 💜 2NE1 (minha favorita ever) 💜
- 💜 4minute!

Como era de se esperar, ele não sabia o que era, então eu comecei a mostrar alguns MVs, *Music Videos*, clipes musicais de grupos que eu curtia. E a viada ficou lá, toda empolgadona, falando dos clipes, dos grupos das coreanas e tal, até que ele pegou minha mão, me puxou mais pra perto e me beijou.

Bem, gente, esqueci de tudo ali e me entreguei aos beijos do boy! Foram tantos meses desejando aquela boca que, menina, me atirei com tudo!

Ficamos nos amassos durante um bom tempo e quando paramos de nos beijar e ficou aquele silêncio, ele me perguntou: "Mas Amanda, você é hermafrodita mesmo?" Na hora eu não sabia se eu ria ou chorava!

Eu já tinha explicado para ele o que era uma mulher transexual e mesmo assim ele não tinha entendido. Eu fiquei quieta, porque não sabia o que responder, e ele emendou mais esta: "Você nasceu com um pinto e uma pepeca, é isso?" Como eu não sabia o que responder, eu concordei com a cabeça e continuei muda sem reação. Ai, que tristeza, depois de tantos planos!

Ele até falou que não se importava e tentou voltar a me beijar, mas nessa hora eu me levantei da cama e falei que ia ficar na sala com o pessoal, porque já estávamos há muito tempo sozinhos ali e ia começar a ficar estranho.

Acabou que não rolaram mais beijos depois disso, comecei a evitar ele a festinha toda. Para evitar que fôssemos pros finalmentes, né? Resumo dessa história: ficamos amigos e até hoje ele acha que sou hermafrodita, porque fiquei com vergonha de desmentir, depois de concordar com ele.

Se bem que se ele vê meu canal no YouTube, agora já deve saber que eu sou trans. ☺

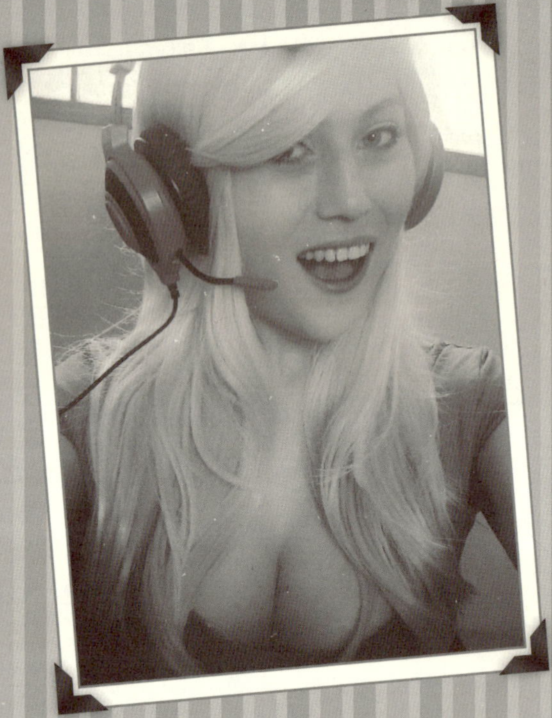

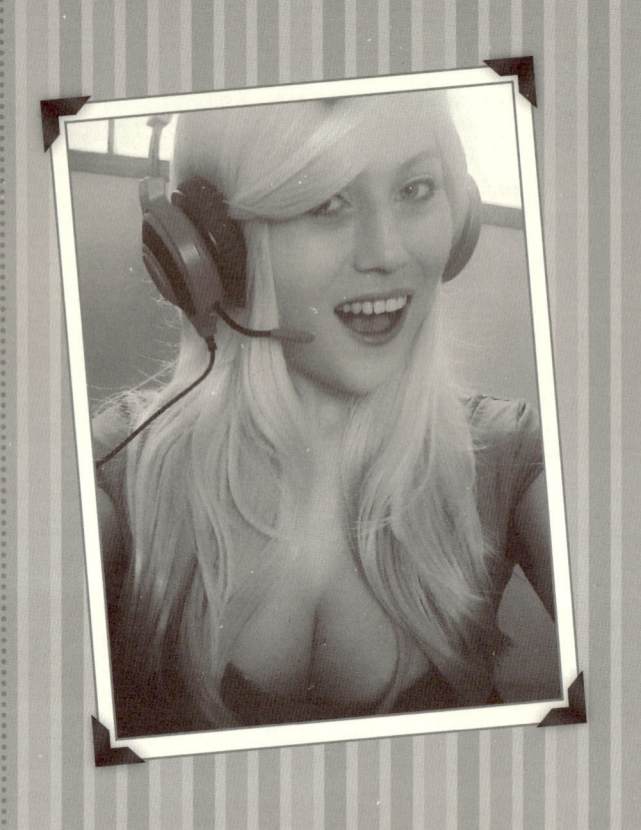

# NAMORO ONLINE —
# ONDE EU CAÇAVA BOY NA INTERNET

**TENHO MUITAS HISTÓRIAS DE SAÍDA COM BOYS QUE** eu conto lá no Mandy Candy. Faz assim: entra lá no meu canal no YouTube e procura por "Onde eu caçava boy na internet". E aqui eu conto mais algumas.

Essa é uma historinha bacana (hoje, né, porque na época a viada aqui sofreu horrores). É sobre um namoro virtual que eu tive com um cara coreano, quando eu tinha uns vinte anos, acho. E isso aconteceu enquanto eu trabalhava nessa empresa de telemarketing — trabalhei quase três anos lá!

Já falei antes e repito: sempre me senti muito atraída por caras asiáticos, tanto que os dois sonhos da minha vida eram: fazer a bendita cirurgia e ter uma pepeca, e arrumar um namorado asiático! (De preferência coreano, porque eu achava eles lindos! Acho que fui influenciada pela quantidade de K-pop e drama coreano a que eu assistia. Eu tinha uma imagem que todos os caras de lá eram príncipes encantados, bonitos, charmosos, cheirosos, cavalheiros, tudo de bom!)

Daí o que a Amanda sapeca pensou? Vou arrumar um *boy das Coreia* pela internet, claro! Vou encontrar meu príncipe dos olhos puxados e ir morar por aquelas bandas! Sempre tive isso na cabeça, em vir morar na Ásia. Meu foco era Coreia ou Japão, mas acabei mirando errado e vim pra China! Voltando... concentra. Amanda, termina a história do boy virtual da Coreia!

Bem, daí a viada aqui, superesperta, foi pro Google procurar sites de relacionamento na Coreia e logo de cara achei um chamado *Korean Cupid* (que nem sei se existe mais) e criei um perfil lá.

Esse era mais um daqueles sites pagos de relacionamento que para você ler a mensagem que recebe dos usuários tem que ser VIP ou quem enviou a mensagem tinha que ser! Óbvio que eu não era VIP né? Pensa: eu trabalhava de telemarketing, recebia menos de setecentos reais por mês e tinha que pagar conta, comprar hormônios e ainda juntar no mínimo cento e cinquenta reais a cada pagamento, que era meu pé-de-meia pra cirurgia da pepeca.

Se você não é VIP, você fica nestes sites só pra passar vontade. Eu não conseguia ler quase nenhuma mensagem que recebia, só podia ler a primeira frase que mandavam e o resto ficava desfocadinho — pra ver que bicha pobre sofre até na hora de encontrar namorado na internet.

No meu perfil, eu me descrevia como uma garota brasileira que gostava de viajar. Eu nunca tinha saído do Brasil e mal tinha saído do meu estado, mas tudo bem. E também dizia que eu gostava de conhecer gente nova. Claro que tudo isso era escrito em inglês com a ajuda do Google Tradutor, porque eu não sabia quase nada de inglês! Eu até conseguia ler por causa dos anos de treinamento em jogos, mas escrever e falar era outra história.

No site, eu recebia MUITAS mensagens. Apareciam caras de todas as idades, de todos estilos e até pessoas que não moravam na Coreia do Sul e que estavam no site, acho, pelo mesmo motivo que eu. Cheguei até a trocar mensagem com muitos deles, mas a imagem que eles têm da mulher brasileira fora do nosso país é muito estranha (moro em Hong Kong, mas o Brasil continua sendo meu país, né?). Sempre chegava uma hora que perguntavam se eu era dançarina, prostituta ou jogava futebol, e falavam que mulheres brasileiras são muito "hot", que é um jeito em inglês pra dizer gostosa.

E dentre tantos pretendentes, conheci o Cheung (eu lembro só do sobrenome dele, hahaha): coreano, trinta anos, 1,72m de altura, sorriso lindo, cabelo lindo, todo fashion, com muitas fotos no profile que revelavam seu ambiente de trabalho, sua família e seus trajes tradicionais coreanos. No perfil, o texto deixava bem claro que ele estava procurando uma pretendente pro casamento. Na Ásia, eles têm a cultura de casar até os trinta anos e se passar dos trinta eles entram na esfera do "ficou pra titio ou titia". Claro que isso pesa muito mais para as mulheres.

O boy parecia ter saído de um drama coreano! GENTE, ELE QUER CASAR, É LINDO E É SOLTEIRO!!!

Nem preciso dizer que foi paixão à primeira teclada, né?

Ele me mandou uma mensagem falando que eu era muito bonita e que nunca tinha conversado com uma estrangeira, pediu meu MSN e falou que faria de tudo pra me conhecer.

Tentei fazer a linha da bicha fina para não assustar o boy e respondi só com um "obrigado" e com o meu *user* do MSN, mas minha vontade na hora era falar pra ele pegar um avião e vir me buscar que já tava indo comprar o vestido pro casamento!

Não deu nem cinco minutos e ele me adicionou no MSN e, assim que aceitei, ele me mandou uma foto. Quando eu vi que ele tinha enviado um arquivo, já pensei que era um nude e achei superestranho, te juro que abri aquele arquivo achando que ia brotar uma piroca na tela do computador, mas quando o arquivo abriu era só uma foto dele, em casa, todo barbiezinho, sorriso colgate, agarrado em um cachorrinho! Me apaixonei ainda mais! Que cara fofo, né?

Daí ele falou: "Esse sou eu. Estou mandando essa foto pra você ver que sou confiável." Nessa hora, já pensei que ele ia pedir para que eu enviasse outra foto minha, porque sempre tem esses espertinhos na internet, mas pra minha surpresa, ele não pediu e começou a puxar papo. Nesse mesmo dia, passamos umas boas cinco horas conversando sem parar, mesmo sem eu saber falar inglês muito bem. Mas é aquele ditado, né: quando a gente quer a gente se vira. Um beijo para o Google Tradutor, aberto em outra janela!!

Conversamos toda aquela ladainha que se conversa quando se conhece uma paquerinha nova: o que gosta de fazer, se bebe, se fuma, se gosta de viajar, de ir em bar. Ele me falou do trabalho dele, que era engenheiro, que morava na Coreia do Sul, e falou também que tinha acabado com a noiva há menos de seis meses.

Quando ele mandou essa, achei um pouco estranho ele já estar procurando relacionamento sério em tão pouco tempo. Tanto que até perguntei pra ele se não era muito cedo pra ele namorar alguém e ele falou que como já tinha trinta anos tinha que casar rápido!

Nesse dia, esqueci completamente que eu era uma mulher trans e enquanto teclava com ele já ia imaginando como seria pegar um avião pra casar na Coreia com aqueles vestidos tradicionais, com a família dele e a minha toda junta e eu falando *saranghae oppa* pro boy — *saranghae* é um *eu te amo* em coreano e *oppa* é uma forma fofa de chamar um garoto que uma menina gosta e é mais velho que ela.

Como eu era ingênua, né? Nessa época, eu estava com uns vinte e um ou vinte e dois anos! Mas a mentalidade era de quinze!

Conversamos até ele se despedir para dormir, porque já era madrugada na Coreia. Mas antes de sair, ele ainda perguntou se eu tinha problemas em namorar pela internet e eu falei que não, *porque quando se ama não existe distância* — foi mais ou menos com essas palavras, só que em inglês e provavelmente escrito errado porque o tradutor sempre erra, né? E ele respondeu com um: *Que bom!* saindo do MSN.

Quando ele saiu, eu me lembrei de um pequeno detalhe: ele não sabia que eu era transexual, ele estava procurando casamento e meus documentos ainda estavam registrados no sexo masculino. Sem falar que eu ainda tinha uma piroquinha. Todos os sonhos que eu tinha criado enquanto falava com ele se tornaram pesadelos!

Por mais que pareça idiota, e é MUITO idiota o que eu vou falar agora, nessa primeira conversa posso dizer que eu já estava apaixonada pelo cara. Ou seja, me apaixonei por um cara que conheci num site de relacionamento coreano, que nunca falei nem pelo telefone, nunca vi em vídeo e só tinha visto umas quatro ou cinco fotos!

Fui deitar naquela noite pensando em como podia resolver esse "pequeno" problema dele não saber que eu era trans.

Naquela mesma semana, nós continuamos conversando com bastante intensidade, eram papos que duravam mais de três horas todo santo dia. Nesse ponto, meu inglês já tinha melhorado um pouco e não precisava usar o Google Tradutor em todas as mensagens (pelo menos pra algo essas conversas serviram!). 😊

Quando não estávamos no MSN, nós trocávamos emails com um simples "bom-dia", mensagens carinhosas dizendo que estávamos com saudade de conversar e também no quanto a gente pensava um no outro. Mandávamos fotos fofas, estas coisas de paquerinha da internet. E durante todo esse tempo eu ficava pensando em uma forma de contar pra ele que eu era trans, porque ele dava toda a pinta de estar apaixonadíssimo por mim — e eu por ele também.

Em menos de duas semanas, ele me falou que queria conversar por vídeo e fez uma chamada e, quando atendi, UAU, vi que ele realmente existia! Meu Deus, que cara lindo! Aquele diabo conseguia ser mais bonito no vídeo do que pelas fotos! E ele falou o seguinte:

— Amanda, quer namorar comigo?

Respondi na hora:

— YES! I WANT!! — Nessa hora, a bicha aqui nem lembrava mais que ele não sabia que eu era trans, nem eu lembrava que era uma mulher trans! Só pensava que estava namorando meu príncipe coreano! Tinha acontecido!

Conversamos durante algumas horas e então ele saiu do MSN pra ir trabalhar e eu passei a noite escrevendo um email pra ele contando sobre mim, explicando o que se passava comigo, o que era uma mulher transexual. Comecei a procurar matérias que explicassem meu caso, como era ter um genital masculino mas ser na verdade uma mulher. Também procurei mulheres trans famosas pra mostrar pra ele que era normal isso tudo e fui colocando tudo nesse email. Parecia que eu estava fazendo um trabalho escolar com tantos detalhes pesquisados, hahaha.

Não tinha como continuar assim. Eu já me sentia culpada por não ter contado a ele que eu era uma mulher trans e agora me sentia pior por ter aceitado esse pedido de namoro.

Na mesma noite, enviei pra ele o email, já preparada para o pior. Praticamente todos os caras que eu conhecia passavam a me encarar como uma aberração logo que eu dizia que era trans ou só queriam matar uma curiosidade sexual, tipo ticar um item na listinha deles.

No outro dia pela manhã, recebi um email de resposta dele pedindo pra conversar pelo MSN. E lá fui eu com a mão no coração pra falar com o boy. Assim que abri o MSN, ele já me manda uma mensagem me chamando de *love*! Pensei comigo: OPA! Isso é um bom sinal!

Daí perguntei se ele tinha lido o email e o que pensava daquilo tudo, e ele respondeu que tudo bem, que era até melhor, porque eu sabia como fazer um homem feliz. Fiquei com cara de WHAT? e perguntei: "Como assim?" Não tinha entendido nada!

E ele escreveu:

— No sexo, já que você é homem, sabe como fazer outro homem feliz na cama.

Não acreditava no que estava lendo, até verifiquei o email pra ver se era com ele mesmo que eu estava falando! É que até ali ele nunca tinha falado de sexo comigo, e, cara, ele me chamou de HOMEM.

E daí ele continuou falando que eu era mais maravilhosa ainda, que ele gostava muito mais de mim agora, porque eu tinha UM ALGO A MAIS que ele adorava. Olha, eu juro, não respondi NADA! Porque fiquei tão chocada com o que estava lendo, que fiquei totalmente sem reação.

O cara começou a se abrir completamente, falou que adorava sair com *shemales* (como chamam travestis em inglês, numa forma muito pejorativa) e que até namorou uma enquanto ainda estava noivo. O último tiro foi quando ele perguntou se eu era ativa ou passiva. Me subiu o sangue nos olhos e bloqueei o cara na hora.

Meu mundo caiu, durante todo esse tempo, a gente nunca tinha falado nada sobre sexo e do nada ele me manda toda essa bomba de uma vez, somente por eu ser uma mulher trans?

Eu tinha escrito praticamente uma bíblia pra ele, explicando quem eu era, como eu me sentia e o quanto ele era importante pra mim pra que eu contasse sobre minha vida. E ele após saber disso passa a me enxergar como um homem e como um pedaço de carne? Me senti um objeto e detestei. Olha, eu preferia mil vezes que ele tivesse me rejeitado, ia doer muito menos do que ser vista como um objeto sexual, um fetiche. Sem falar que ele não ia me aceitar jamais como uma mulher.

Esse caso serviu como lição pra outras tentativas de namoro. A lição era: Amanda, antes de se apaixonar por um cara, fale que é trans! Você só vai saber quem ele realmente é quando ele souber sobre teu passado.

Levo esse ensinamento — que eu mesma me ensinei — até hoje e só tem me feito bem. ☺

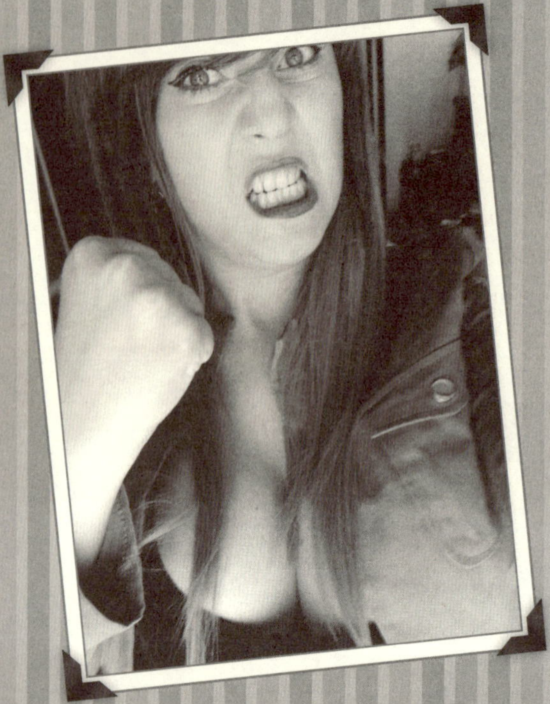

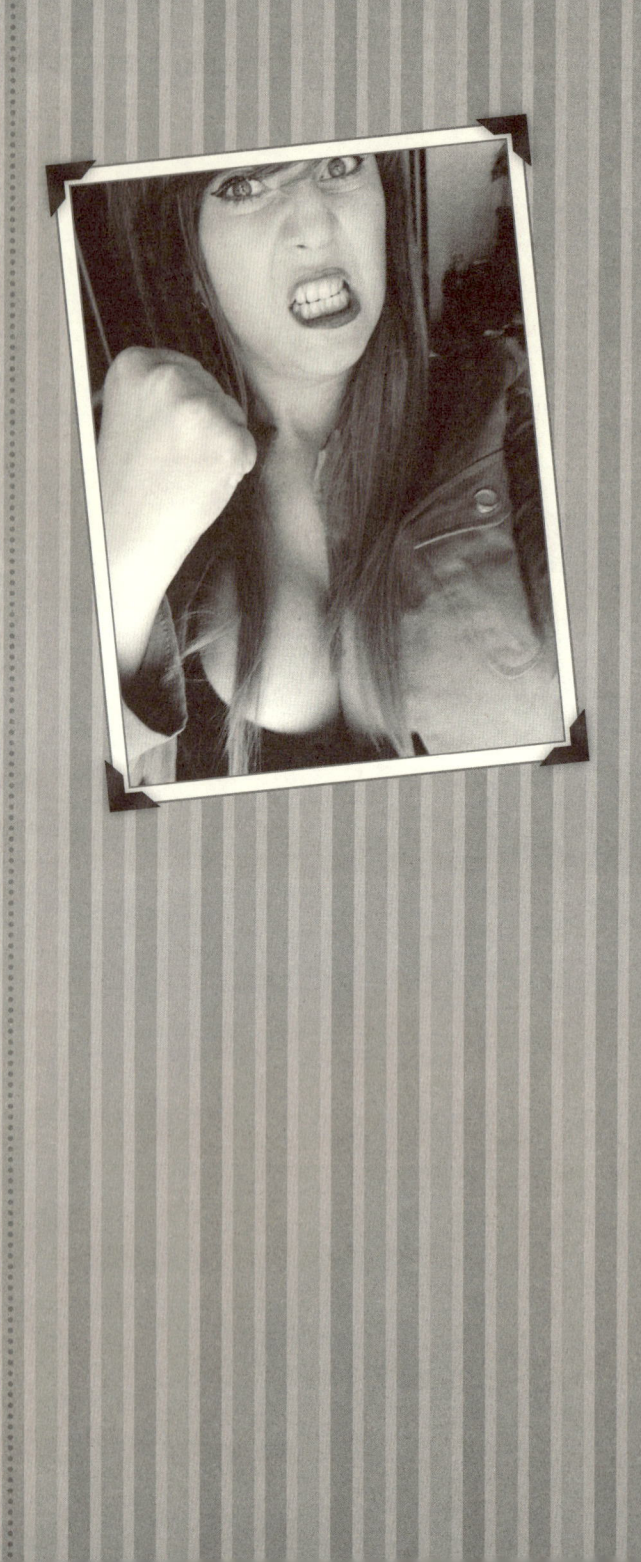

# BULLYING E PRECONCEITO

**POSSO DIZER QUE SOFRI COM PIADINHAS DURAN-**
te toda minha vida — e para falar a verdade ainda sofro com elas. Recebo diariamente xingamentos como trap, cilada, traveco, armadilha, homem capado, mulher kinder ovo, etc. Além disso, algumas pessoas me chamam de abominação (usando Deus como escudo), outras me mandam mensagens desejando que eu queime no inferno, chego a me sentir o anticristo!

Até fiz um vídeo no meu canal pra responder essa galera. Vai lá. Procure por "Não tenho Preconceito só não gosto de Travesti! e Travecão Filho da Put*! — Cyberbullying".

Fico imaginando o que eu fiz pra vida dessa gente. Recebo até algumas ameaças falando que se me virem na rua vão me bater pra que eu aprenda a virar homem e que vão me dar lampadaço na cara. Tudo isso vindo de pessoas que se escondem atrás da ignorância e que não querem abrir os olhos para o próximo.

Mas a Amandinha de hoje não se deixa afetar. Eu sei quem eu sou, sei que sou perfeita e maravilhosa como qualquer outra pessoa que espalha o amor nesse mundo, sei que não tem e nunca teve nada errado comigo. Como eu falo sempre pra quem me segue nas redes sociais: somos viadas maravilhosas! Não importa se é homem, mulher, hetero, gay, cis ou trans! Somos todos perfeitos e lindos, né non? SOMOS, SIM!

Mas na infância e adolescência, eu me sentia diferente. Na verdade, eu não sabia bem quem eu era e por causa dessa coisa de não aceitar meu corpo e de não saber que eu era transexual, então achava que o problema era eu. Todo xingamento que eu recebia, toda piadinha que faziam pelo simples fato de eu ser quem eu sou, acabava guardadinha aqui na minha cabeça.

O assédio que eu passei e ainda passo, porque nem todo mundo é maravilhoso neste mundo, se chama bullying. Esse é o nome que se dá quando alguém é humilhado, atacado, intimidado por pessoas sem coração, sempre sem motivos, normalmente baseada em alguma diferença, tipo de corpo, orientação sexual, etnia, religiosidade etc. E na maioria das vezes quem sofre bullying são pessoas que por algum motivo não têm como se defender.

Minha primeira lembrança de bullying vem da infância, acho que eu devia ter pelo menos uns cinco anos de idade. Eu estava na casa dos meus tios com toda a minha família. Durante o almoço, eles começaram a conversar e falar sobre mim: que eu era muito delicado e que só brincava como menina. Rapidamente a coisa partiu pras piadinhas, por exemplo, lembraram que eu tinha falado que queria ser igual a minha irmã quando crescesse.

Lembro que fiquei muito triste naquele dia, eu não entendia qual era o erro e qual era o motivo das risadas. O que tinha de errado em querer ser igual a minha irmã, afinal de contas? Ela era, e ainda é, linda!

Eu sei que eles não fizeram por mal, afinal, em toda família tem aquele momento das piadas e das brincadeiras. Eles também não tinham nenhum conhecimento sobre o assunto, até achavam "bonitinho, fofinho eu ser desse jeito", mas é importante dizer, para que as pessoas entendam.

Tudo o que me incomodou na infância eu carrego até hoje. Bullying tem uma força imensa, parece que marca para sempre. E não importa o grau de afinidade, se é em casa, na escola ou na rua, se é alguém que você ama ou um desconhecido. É difícil esquecer.

Em outra ocasião, uma parente, sabendo que eu era diferente dos meus priminhos, acho que pra tentar me "ensinar a ser homem", foi na minha casa com dois moletons, um azul do Mickey e outro rosa da Minnie, e perguntou qual deles que eu queria.

Eu sempre gostei de coisas rosas e fofinhas, então me agarrei no moletom rosa e falei que queria ele. Lembro da expressão de brava dela. Parecia que eu tinha cometido o maior pecado do mundo!

Então ela tirou o moletom da minha mão, me entregou o do Mickey e falou:

— Você é um menino, por isso você não pode usar essa roupa rosa. Rosa é de menina, entendeu? — claro que na hora eu não entendi, fiquei muito triste e comecei a chorar, porque eu queria mesmo aquele moletom rosa.

Não sei se ficou claro, mas o caso aqui é: não é por ser transexual que escolhi o moletom rosa. Eu escolhi porque gostei dele! E fui desmotivada a escolher o que eu queria e o que me foi oferecido (afinal, ela perguntou qual eu queria). Não é uma roupa ou brinquedo que vai dizer se a criança vai ser trans ou gay, porque não existe um fator que determine o brinquedo, ou cor de menina ou de menino, ou de heterossexual e homossexual, as coisas não são assim. O erro foi essa parente, vendo que eu já falava que era menina, que tinha jeito de menininha, querer me "arrumar" usando esse método.

Na escola, até o oitavo ano do ensino fundamental, eu não sofria tanto bullying, porque minha mãe trabalhava no colégio em que eu estudava. Mas claro que rolavam piadinhas, né? Às vezes, com a sala toda em silêncio, alguém soltava um "fresco" ou "bichinha" pra mim. Gente, que coisa ruim lembrar isso.

Uma vez, estavam dividindo os grupos pra fazer trabalho, acho que na sexta série, e a professora me colocou em um grupo com alguns outros garotos. Quando cheguei pra me sentar, eles falaram algo como:

— Não chega muito perto, para eu não me afetar. Não quero ficar igual a você.

Eu queria chorar tanto naquela hora! Eu sabia que isso iria acontecer e eu sempre achei terrível ficar perto dos meninos na sala, porque eles sempre ficavam fazendo este tipo de piada comigo. No fim, fiz o trabalho sozinha, pois eu era o lado mais fraco da história, né?

Mas o pior estava por vir. Bullying cruel mesmo foi durante a adolescência, no ensino médio. Eu cheguei a reprovar dois anos só por faltas, porque eu não conseguia ir para a escola. Pra evitar os abusos, eu fingia que tinha ido para a escola mas deixava a janela do meu quarto meio aberta, então eu me escondia atrás de casa e, quando minha mãe saía pra trabalhar, eu pulava a janela e voltava pra cama, para dormir.

Quando eu não conseguia ficar em casa, eu pegava o ônibus e descia algumas paradas antes da escola para ir nas locadoras. Naquela época, havia as locadoras de videogames, que a gente pagava por hora pra jogar Playstation. Eu ficava jogando as quatro horas do horário escolar e voltava no mesmo ônibus que os outros alunos.

E quando eu não tinha dinheiro, ficava vagando à toa pela cidade, até dar a hora de voltar para casa e minha mãe não descobrir que faltei na escola. Tudo isso para evitar os abusos, piadinhas e olhares dos colegas. Sério, pense que muitas coisas que saem de uma piada ou uma conversa entre amigos e que parecem naturais, na verdade, não são. Machucam, ferem, deixam marcas. Reflitam e não façam esses abusos com ninguém, dói demais!

Ainda tinha o fator idade. Eu comecei muito cedo na escola, com cinco anos, e sempre fui um ou dois anos mais nova que o restante da turma, e com isso me desenvolvi mais tarde. Enquanto a maioria dos alunos já pensava em namorar e paquerar, eu só queria saber de chegar em casa pra jogar videogame, falar de desenhos e brincar de pega-pega com alguns amigos. No fim, eu já estava totalmente deslocada na escola! Mesmo se eu não fosse uma mulher trans eu já sofreria pela idade. Juntando as duas coisas, e posso dizer que minha voz e meu jeito eram o mesmo de hoje, você pode imaginar a confusão.

Nos dias que eu ia pra escola (não tinha como faltar todos, se não minha mãe ia descobrir), eu me sentia como uma presa andando no meio de um monte de predadores, que a arma era a boca e os tiros eram as piadas e os apelidos maldosos. Era só entrar na sala que eu já ouvia: "Ih, chegou a bichinha!", "anda que nem homem", "corta esse cabelo, parece um poodle" (meu cabelo era bem cacheado e eu estava deixando crescer, porque estava na fase emo! Haha).

Eu não tinha nenhum amigo, ninguém pra conversar e passava a aula toda olhando para o relógio pra ir embora pra casa. Professor nenhum naquela época me ajudou e muitos riam junto quando eu era alvo de alguma piada de mau gosto.

Por tudo isso, eu fui ficando cada vez mais retraída. Já não falava com ninguém dentro de casa, minha mãe sempre me perguntava o que estava acontecendo, porque eu não saía mais de dentro de casa e só jogava videogame. Eu não tinha coragem de explicar o que acontecia na escola, que me chamavam de gay, que achavam que eu era "bicha".

Não queria que minha mãe sofresse por causa disso também, ela já aguentava muita coisa. Por isso, eu dizia que estava tudo bem. Nessa época, eu acabei engordando mais de quinze quilos porque descontava toda minha ansiedade de ter que ir pra escola na comida.

Pra muita gente bullying é *mimimi*. Dizem que é normal fazer piadas com alguém "diferente", que não se enquadra no padrão, com a pessoa gorda, negra, asiática, gay, trans... Só que bullying é algo sério, mas tão sério, que pode deixar marcas pra sempre em quem sofre. Me uso como exemplo: até hoje tenho pesadelos de que voltei pra escola e que tenho que estudar mais um ano e conviver com todas aquelas pessoas que pegavam no meu pé. Acordo tremendo e só paro de tremer quando vejo que era um sonho.

Se a vida já não é fácil pra quem se encaixa dentro do padrão imposto pela sociedade heteronormativa (falei bonito, viu? hahaha), imagina pra quem está fora dele?

Uma pessoa gorda, por exemplo, não pode nem comer em paz sem que as pessoas fiquem reparando e condenando o fato dela estar comendo. Um cara gay que não seja "machinho" é motivo de piada e, na maioria das vezes, são eles que sofrem homofobia por não seguir o padrão "dos homens" — sofrendo preconceito até mesmo no meio LGBT! Agora, imagina uma pessoa que ao nascer foi designada menino e durante a vida se viu como menina? Como é a vida dessa pessoa?

Acredito que alguns fatos são importantes para melhor entendimento, acompanhe: a taxa de suicídio de pessoas transexuais é altíssima. Nossa expectativa de vida é de trinta e seis anos de idade e a maioria das mulheres transexuais está na prostituição.

E por que isso tudo acontece? Porque desde cedo não encontramos suporte em nenhum lugar: quando a família não nos expulsa de casa, os próprios familiares transformam a vida da pessoa trans em um verdadeiro inferno, pressionando o tempo todo pra que ela mude, "volte a ser normal". Você não consegue ter amigos, porque ninguém quer ficar por perto deste "ser estranho". As religiões são, em grande parte, heteronormativas e os professores e conselheiros escolares não estão preparados pra lidar com diferenças, muito menos discutir e aconselhar sobre a transexualidade.

Ou seja, a maioria das pessoas trans não encontra refúgio dos preconceitos que sofrem nem dentro de casa, nem na escola, nem no colo dos amigos, nem em lugar nenhum. ☹

Se pra mim, que tive suporte da minha família, foi difícil, pra quem não tem isso, é quase impossível.

Quantas pessoas trans você já viu na escola, na universidade? Trabalhando perto de você e executando alguma tarefa dita "normal"?

Sabe por que você não vê? Porque as oportunidades pra transexuais durante, e mesmo após, a transição são quase nulas.

Logo no início da minha transição, consegui trabalho na empresa de *call center*, porque telemarketing é um dos poucos lugares que aceitam todos os tipos de pessoas. A diversidade é muito grande dentro da empresa! Acredito que seja porque trabalhamos com a voz e o serviço não é tão simples. É preciso muita estrutura emocional. Tem muita gente que não aguenta trabalhar mais do que dois meses ouvindo xingamentos diariamente no telefone. Dá pra entender, né? Hahaha.

Naquela época que comecei a trabalhar, minha aparência não era como hoje, que sou totalmente feminina (diva, linda e maravilhosa). Eu ainda era muito andrógina — como se diz no nosso meio, eu não era tão "passável".

Certo dia, indo trabalhar, caminhando em direção à empresa de noite em uma sexta-feira, surgiu um carro com uns quatro ou cinco homens; dava a impressão que estavam indo pra baladinha. Quando eles me viram, diminuíram a velocidade e começaram a me seguir falando coisas do tipo "Oi, gatinha, quer carona?", "Vai pra onde?", "Gostosinha você, hein?".

Fiquei muito nervosa, porque a rua estava deserta e eu ainda tinha que caminhar uns dez minutos para chegar ao trampo. Acelerei o passo e não olhava na direção deles, porque estava com muito medo, ainda não tinha passado por nenhuma situação dessas, tinha começado a transição há pouco tempo e como "menino" nunca tinha sofrido assédios deste tipo.

Quando eu já estava quase correndo de desespero, um deles gritou, rindo, algo do tipo "Ih, rapaz, não é gatinha, não! É um traveco", eles riram, aceleraram o carro pra ir embora e, quando achei que havia terminado e que eu estava segura, uma lata de cerveja voou do carro e atingiu as minhas costas!

Nesse momento, eu não pensei na dor física e nem no perigo de que havia escapado. Eu queria desaparecer, queria que se abrisse um buraco no chão para me esconder. Não sabia o que fazer, porque eu tinha que ir trabalhar, mas fiquei coberta de cerveja e estava abalada mentalmente. Eu não sabia se chorava ou gritava e fiquei um bom tempo apenas parada, sem reação. Vale lembrar outro dado que eu não sabia naquela época, mas o Brasil é o país que mais mata transexuais e travestis NO MUNDO. Ou seja, eu nem sabia, mas tinha ainda muito mais motivos para ficar com medo!

Depois desse assédio, comecei a ir duas horas mais cedo para o trabalho pra evitar ser abordada à noite por esse tipo de gente. Passei a caminhar somente por locais em que havia muitas pessoas, mesmo que isso significasse pessoas a mais me encarando e fazendo piadinhas por eu ser transexual. A lógica era que seria mais fácil aguentar agressões verbais do que físicas. Ou até sexuais.

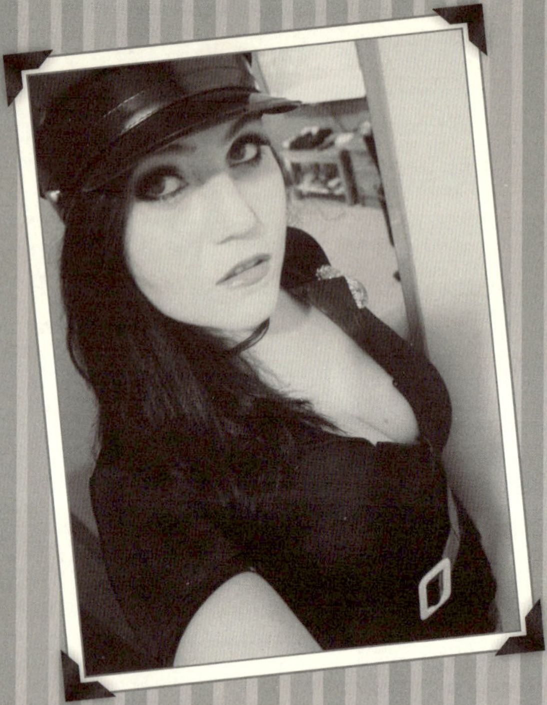

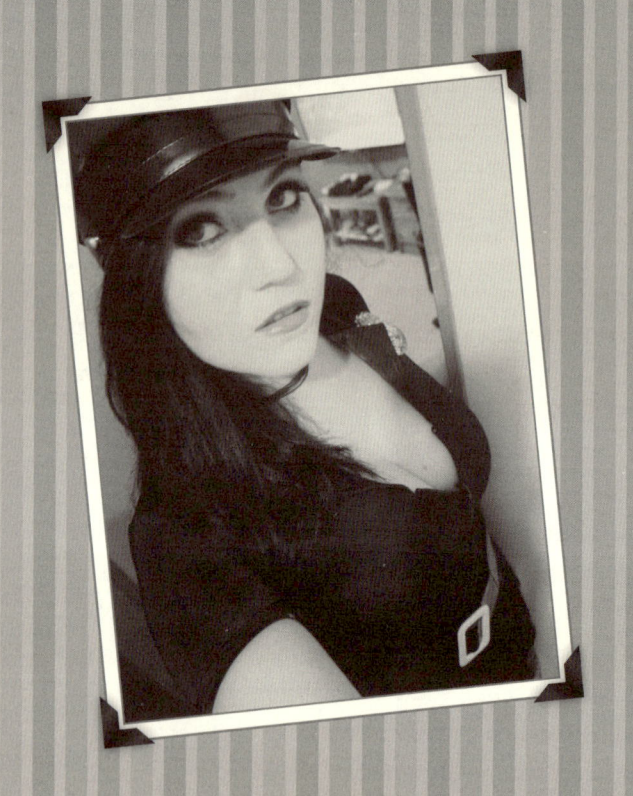

# PRECONCEITO
# POR CAUSA DO NOME SOCIAL

**ESTE É UM TEMA RECORRENTE PORQUE A IMPRES-** são é que um nome escrito é mais importante do que a pessoa que está parada na sua frente. As pessoas simplesmente não funcionam bem quando o que elas leem e veem são diferentes dos seus próprios conceitos. Acho que dá defeito, o computador do cérebro trava, não sei.

Na empresa em que eu trabalhava, as pessoas não sabiam meu antigo nome de registro, mas sabiam que eu era transexual por causa de fofocas entre os funcionários.

O nome ficava marcado no programa que usávamos pra atender as ligações, então sempre tinha alguém passando e olhando pra tela do meu computador pra tentar ver qual era o meu nome! Isso era muito constrangedor, porque todo santo dia aparecia algum curioso atrás de mim enquanto eu estava atendendo.

Certo dia, precisei mudar de turno, eu trabalhava de tarde, mas fui pela manhã porque eu tinha um compromisso qualquer no horário de trabalho. Enquanto eu estava atendendo, uma menina levantou, no meio de outros duzentos funcionários, apontou pra mim e falou em voz alta: "Sabia que ele é travesti? Nem parece, né?"

Preciso dizer que o lugar PAROU e TODO mundo olhou pra mim? Tudo que eu queria naquela hora era jogar a tela do computador na cabeça da guria, mas apenas virei meu rosto e olhei nos olhos da pessoa com aquele olhar de "Como é que é, bicha? Repete!". Daí a guria arregalou os olhos, saiu dali e se sentou.

Acho incrível a capacidade (ou seria incapacidade?) das pessoas acharem que por sermos transexuais ou travestis podem expor nossa vida para os outros. Parece que somos animais de circo à disposição dos olhares curiosos. É simplesmente patético.

Nos bancos, então, era sempre o mesmo caos. Como eu trabalhava, era necessário abrir uma conta no banco que a empresa indicava. Se isso já é problemático e chato pra quem tem tudo certinho com seu nome, imagina pra quem é trans! Pode ficar com pena *dazamiga*, porque é um sofrimento!

Eu poderia escrever este livro todo só com histórias de preconceito que sofri dentro de bancos: ao abrir a conta, ao ir sacar dinheiro, ao solicitar um novo cartão. Eu não consigo imaginar lugar mais bem construído para disparar preconceitos! Mas vou resumir meu sofrimento todo numa única história, na vez em que fui mais constrangida.

Eu tinha perdido meu cartão mas precisava sacar dinheiro e fazer outros serviços bancários. Relutei durante muito tempo em resolver o problema porque eu já tinha uma ideia das situações que eu teria que passar: as perguntas que iam me fazer, o vai e vem de um, dois, três gerentes diferentes porque o nome no documento não batia com a imagem que eles viam — e eu já tinha mudado muito desde a última vez que tinha tirado foto pra meu RG. A imagem faz muita diferença, não importa que a assinatura seja a mesma ou se você sabe a sua senha. Enfim, eu precisava de dinheiro pra comer, não tinha como esperar quatorze dias até chegar o novo cartão na minha casa, e por isso decidi resolver tudo de uma vez.

Quando cheguei ao banco e ele estava lotado (novidade) logo me bateu aquela aflição, porque os atendentes sempre davam instruções muito alto e quem estava por perto sempre escutava — ninguém se importa se tá constrangendo a pessoa ou não. Eu não sei se existe um prazer em deixar as pessoas desconfortáveis, mas sempre tive a impressão que alguns torcem para a gente estourar e quebrar a rotina deles. Um deles certa vez me chamou de "louca descontrolada". Pois é.

Peguei a senha e me sentei no sofá, ao lado de algumas outras mulheres, e fiquei lá esperando o meu número ser chamado. Quando chegou a minha vez, a atendente foi superprestativa, sorriu, me deu bom-dia, pediu pra eu me sentar na cadeira que ela já ia me atender.

Assim que me sentei já comecei a tremer toda, porque tinha que mostrar o RG e explicar as coisas de sempre, e lá fui eu:

— Oi, meu nome é Amanda. Como estou sem cartão, vou te dar o RG, mas o nome que consta aí é meu nome de registro e como sou uma mulher transexual ainda estou em processo de correção do nome. Poderia me chamar de Amanda, por favor?

Entreguei o RG pra atendente, ela olhou pro documento, olhou pra mim e disse:

— Esse menino é seu filho? É teu irmão? — Falou bem alto. A expressão dela mudou totalmente, parecia que estava atendendo um alienígena que veio de Marte pra abrir uma conta.

Expliquei que não e que, conforme eu tinha dito antes, eu era uma mulher transexual e ainda não tinha corrigido os documentos. Após ouvir isso, ela segurou um riso, olhou pra mim e falou:

— Então, você é um homem?  Nossa, nem parece! Não acredito! Você é o homem mais bonito que eu já vi.

Antes que eu pudesse falar qualquer outra coisa, ela se levantou com meus documentos e saiu andando pra dentro de uma salinha onde havia outros funcionários. E, claro, todo mundo dentro do banco já estava olhando pra mim. Que bafo, gente!

Quando olho pra dentro da salinha, a atendente estava apontando pra mim e mostrando meu RG pros outros funcionários. TODOS estavam rindo. Quando ela notou que eu tava olhando, voltou da salinha e falou que tinha ido perguntar como proceder para o gerente, porque a foto da identidade era diferente de como eu estava *vestidO*.

Eu estava muito constrangida, então não fiz nada, só queria chorar e sair correndo do banco! Mas me segurei porque precisava que aquilo acabasse o mais rápido possível.

Durante todo o atendimento, ela se referia a mim no masculino, afirmando a todo momento que ainda não acreditava que eu era homem, e que se eu não falasse ela nunca ia saber, e que eu enganava muito bem.

O absurdo disso tudo é a falta de respeito pelo diferente. Pois no momento em que me apresentei deixei muito claro que eu era A Amanda e era assim que gostaria de ser tratada.

Esse tipo de situação foi uma constante durante toda minha transição, principalmente enquanto ainda não tinha corrigido os documentos. Acho que essa história consegue mostrar a importância do uso do nome social para as pessoas trans até que a correção da documentação seja aprovada na Justiça.

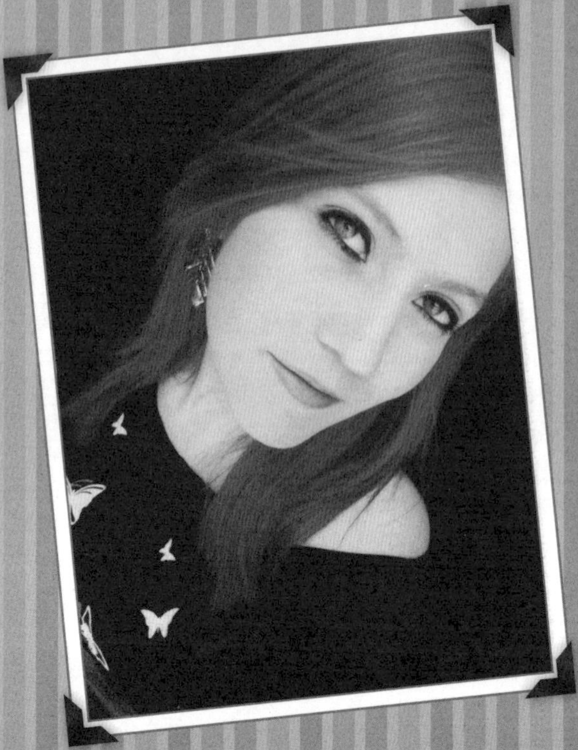

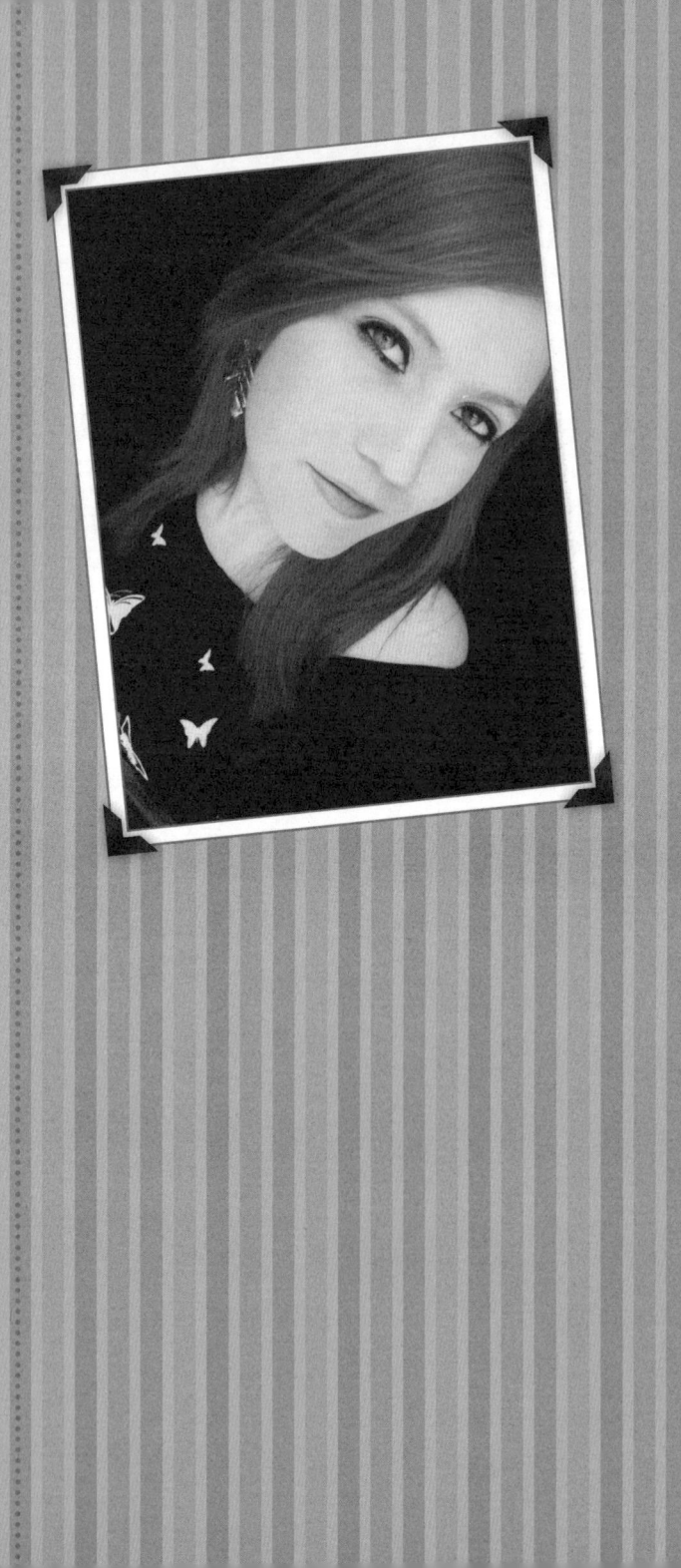

# A TRANSIÇÃO

**ANTES DE COMEÇAR O TRATAMENTO, EU FICAVA** olhando as fotos de outras pessoas que transicionaram, aqueles *antes e depois* que sempre achamos na internet. Eu ficava pensando se ia conseguir parecer uma "mulher" mesmo, achava que o meu corpo ia ser de menininho para o resto da vida e isso me deixava muito angustiada.

Queria mudar o quanto antes, agora que sabia que era possível expandir, e queria que tivesse um caminho mais rápido. Achei que em poucos meses ia estar igualzinha àquelas gatas que via em vídeos de transição nos blogs que eu pesquisava (eram todos em inglês)!

Minha inspiração na época era a Harisu, uma cantora transexual coreana. Ficava um tempão olhando as fotos dela, me imaginando com aquele corpo, com aquela voz... Doce ilusão! Volta pra realidade aqui, faz favor: nem asiática eu sou, imagina ficar que nem a bicha? Hahaha.

Além da Harisu, eu também me espelhava muito na Yuna, do game *Final Fantasy X*, não só na aparência (que era

MARA mesmo), mas no jeito de ser! Escrevendo isso aqui, vejo claramente que nasci no continente errado, devia ter nascido na Ásia.

Nossa, eu me identificava muito com a Yuna. Tanto, mas tanto, que, por alguns meses, antes de me chamar Amanda meu nome foi Yuna! (Uma curiosidade: no meu laudo psicológico ainda está o nome Amanda Yuna Guimarães Borges. Hoje, eu vejo que não era uma boa escolha, ainda bem que eu caí na real em tempo, hahaha.)

Deixa eu explicar esse laudo aí: no Brasil, pra que se possa fazer este tipo de cirurgia, é preciso ter um laudo que ateste que você é de fato uma pessoa transexual, como em outros países. A diferença é que em outros países leva-se cerca de três meses para receber um laudo. No Brasil, no mínimo dois anos. No caso de uma mulher transexual, você tem que ter "vivido no mínimo dois anos como mulher". Isso não inclui o caso de uma pessoa trans não estar vivendo completamente como uma trans porque sofre preconceito. Então, pra se ter certeza se é isso mesmo que queremos, é necessário esse tempo de descoberta.

Acho dois anos muita coisa e para quem já sofreu a vida toda é como mais uma etapa. Já passamos tanto sofrimento, pra que colocar mais tempo nisso tudo? Eu, por exemplo, sempre soube que tinha algo diferente comigo, sempre me senti como uma menina e minha família é a prova disso! Então, ficar mais todo esse tempo para conseguir um laudo é muito angustiante.

Esse acompanhamento pode ser feito por psicólogos particulares (que foi meu caso) e em algumas cidades do Brasil o SUS também oferece esse suporte, mas ouvi dizer que é bem burocrático!

## A TRANSIÇÃO

Quando comecei a transição e fui procurar ajuda psicológica, acabei achando uma profissional que também é transexual: a dra. Martha, da clínica Gendercare, que fazia atendimentos pessoalmente, mas a maioria deles era pela internet, porque ela atendia pessoas do mundo todo! Como sempre tive em mente que ia operar fora do Brasil, fiz o acompanhamento com ela, porque meu laudo tinha que ser em inglês e assim eu conseguiria mais rápido.

Há diversas histórias de superação na internet, basta procurar. Você consegue ver as fotos das pessoas antes e depois da transição, informações sobre clínicas, casos pessoais... mas o que eu não vejo são os outros detalhes de transição, principalmente para as mulheres trans, por exemplo, além de tomar os hormônios e da cirurgia genital, muitas garotas trans também fazem cirurgias plásticas como a feminização facial e procedimentos como lixar o osso da testa, do queixo, maçã do rosto etc. Bem, com dinheiro tudo é possível, né? Eu por enquanto não *po$$o* pensar muito nestes assuntos. ☺

Para vocês terem uma noção, eu só consegui enxergar alguma mudança física somente após um ano de tratamento hormonal — normalmente demora entre uns quatro ou cinco anos para que você consiga ver a mudança completa.

Ou seja, é como nascer de novo, começamos a redescobrir nosso corpo, descobrir um novo mundo, uma nova forma de viver! Cada mudança que ocorria no meu corpo era uma alegria, uma vitória, e me olhar no espelho (coisa que eu evitava antes) começou a se tornar um prazer.

Eu adorava ficar me olhando e vendo como meu rosto estava diferente, e que eu já estava com um pouco de cintura. Minha mãe diz que até minha forma de olhar e sorrir foi mudando durante a transição, de um olhar sem vida para um olhinho brilhante! ☺

Mais uma vez, eu tive sorte de toda minha família me apoiar desde o comecinho da transição (nesse aspecto, sou uma em mil!). Até quando contei pra minha mãe que era uma mulher trans (ela foi a primeira pessoa da família a saber), pedi que ela conversasse com o resto da família, porque eu tinha muita vergonha, não sabia como eles iam reagir! Para saber mais desse babado, vai no meu canal do YouTube e veja o vídeo chamado "Como Revelei ser Transexual para minha Mãe".

Eu precisava desta conversa. Eu precisava que meus irmãos também soubessem, afinal, o irmão que eles tinham ia ser irmã agora, né? Imagina a bugada que não ia dar na cabeça deles... Com a minha mãe, a conversa foi mais fácil porque ela sempre foi mais aberta, mais louquinha, mais que nem eu, hahaha.

Depois que minha mãe e irmãos ficaram sabendo, eles contaram pro resto da família — justamente pra me poupar de qualquer grosseria que viesse da parte deles!

Toda família recebeu a notícia muito bem. Claro, levou anos pra se acostumarem com a ideia de que agora eu era uma mulher e deveria ser tratada como tal. O uso do antigo nome e o uso do pronome masculino volta e meia escapava, mas eles ficavam muito constrangidos e com medo de me machucar, mas eu dava risada!

Com estes detalhes eu nunca fiquei magoada porque eu entendia que seria complicado mesmo que a minha família, que me tratou de uma mesma maneira por vinte anos, passasse a me tratar de outra forma de um dia para o outro.

Até minha vozinha que tem quase noventa anos de idade ficou do meu lado e falou que me amava, não importava como eu fosse. Então, obrigada, Deus, pela família que me concedeu!

Agora, com os amigos foi um pouco diferente. Eu não acho que perdi amigos, eu mesma escolhi deixar de falar com alguns deles porque eu sabia que não importava o quanto eu mudasse, eles sempre iam me ver como menino. Não que eles fossem ruins, nada disso, acho que para algumas pessoas é muito difícil entender. Percebi que não ia ser bom pra minha transição estar perto de alguém que não poderia me enxergar como eu realmente sou. Por mais que a pessoa fale que entende e me trate como Amanda, eu consigo distinguir com meu radarzinho entre quem fala por educação e quem realmente vê a Amanda. Então, optei por me afastar das amizades com a cabeça mais quadradinha.

Dos amigos da adolescência, eu tenho alguns com quem converso até hoje, mas a maioria do meu círculo social é de pessoas que conheci depois da transição. A vida da gente toma caminhos diferentes mesmo e espero de verdade que esses amigos que ficaram lá atrás sejam felizes, onde quer que estejam.

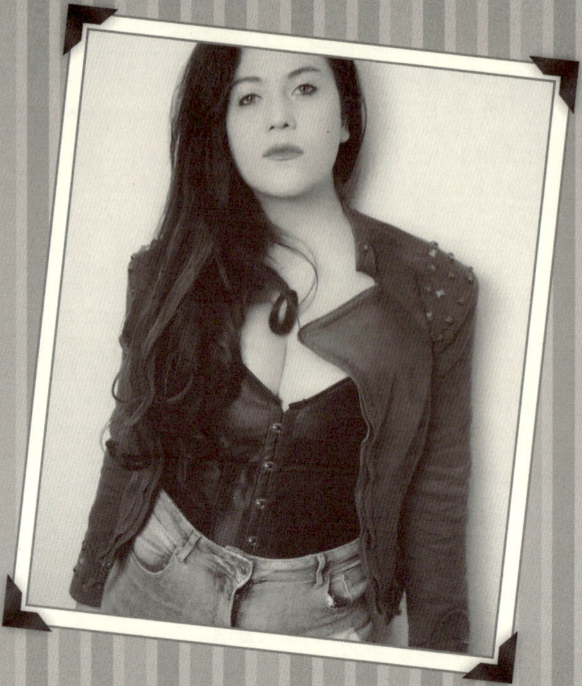

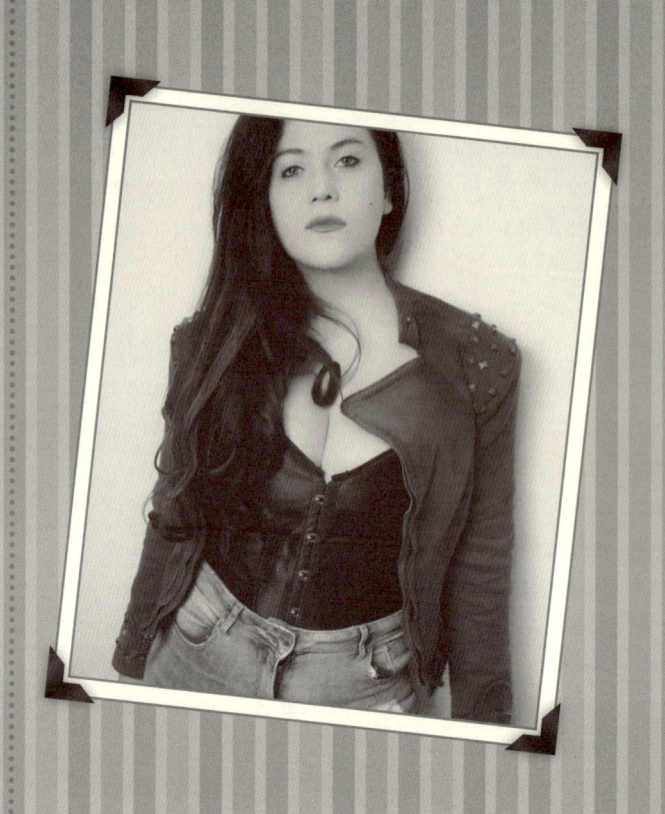

# A REDESIGNAÇÃO SEXUAL

**MUITA GENTE ACHA QUE A GENTE CONSEGUE TRANS-**formar o corpo de um dia para o outro, PUF!, tá pronto! Ou que sou assim como estou hoje desde que nasci, só troquei o menino lá de baixo por uma pepeca. Mas a transição, na verdade, é um caminho longo, caro, burocrático e, na maioria das vezes, muito dolorido!

Não é somente o corpo que se transforma, mas sua cabeça também!

Não vou falar sobre os remédios que eu usava, pois todo tratamento hormonal deve ser feito com acompanhamento médico (isso é sério, lindos! Não saiam por aí tomando qualquer coisa, porque algumas substâncias podem causar problemas de saúde e até depressão, caso sejam administradas do jeito errado). Eu já vi algumas loucas por aí que acham que vão ficar com o corpo de barbiezinha de um dia pro outro se entupindo de hormônio, mas fazendo isso as manas estão cavando o próprio túmulo. Doses a mais dos hormônios podem causar trombose e diversas outras doenças. Há vários casos de meninas e meninos trans que acabaram morrendo por alta dosagem de medicamentos, fica o alerta, não esquece, tá?

A transição não é uma coisa barata: só pra vocês terem uma ideia, com o dinheiro que gastei com os hormônios e cirurgia de redesignação sexual, eu poderia facilmente dar entrada para um apartamento!

Por mês eu gastava, em média, R$ 120,00 com os hormônios, mais R$100,00 ou R$150,00 que eu economizava para a caixinha da minha cirurgia e ainda tinha o acompanhamento psicológico, que custou ao todo R$ 3.000,00 (demorei quinze meses pra pagar, pegando R$ 200,00 por mês do salário).

Meu salário, naquela época, variava entre R$700,00 e R$800,00. Ou seja, quase metade do que eu ganhava ia pra minha transição, o resto ia pra conta de telefone que era um absurdo de caro (ainda é, na verdade)! Agora lembre que você achava a minha vida fácil!

Eu tive sorte de ter minha família apoiando e a única conta que eu pagava em casa era da internet/telefone. Acho que fiquei uns dois anos usando as roupas da minha irmã e da minha mãe. E, confessando, eu tenho até hoje um sutiã de estimação que peguei dela e não jogo fora por nada! Hahaha.

A minha sorte era que ela possuía um montão de coisas, então me emprestava e até dava aquilo que não queria mais. Quando sobrava um dinheirinho, eu preferia gastar com algum jogo, porque nunca entrou na minha cabeça pagar muito com vestuário! Meu corpo iria mudar mesmo...

Sempre pensei que a cirurgia tivesse que ser feita com o melhor médico que eu conhecesse, porque eu ia carregar aquela pepeca durante toda a minha vida. Então, não me importava se eu tivesse que esperar cinco ou dez anos pra fazer, mas eu não ia me mutilar com médicos clandestinos.

Cheguei até a fazer uma consulta com um brasileiro, mas não me senti segura — hoje esse cara está sendo processado por diversas meninas por erro médico, pois elas fizeram a cirurgia com ele e ficaram com diversos problemas. Teve umas manas que infelizmente até morreram. ☹

O SUS também faz a cirurgia, mas tudo que soube sobre o procedimento de lá é duvidoso. Soube de uma menina, por exemplo, que teve que refazer a cirurgia mais de seis vezes, porque o canal vaginal não foi construído corretamente. Além do que, para fazer a operação pelo SUS, você tem que esperar no mínimo três anos, mas tem meninas que estão há mais de cinco anos na fila e ainda não foram chamadas. É muito triste o descaso que o Brasil tem com a população transexual.

Sabendo que eu teria que fazer a cirurgia com um médico bom, pesquisei muito na internet e vi que na Tailândia, por ser um país com cultura mais aberta sobre transexualidade, os médicos realmente se especializavam nisso e, claro, faziam cirurgias melhores.

Conheci o Doutor Kamol, aquele que operou a ex-BBB Ariadna e a Lea T! O valor ficou em torno de R$ 35.000,00 na época, mas sempre pode variar por causa do câmbio do dólar (deve ser mais caro hoje).

O que ocorre exatamente com a hormonização? Bem, a gordura é realinhada no corpo, ganhamos quadril, seios, a pele fica mais macia (pelo menos no meu caso foi assim), mas infelizmente a estrutura óssea não é alterada — e por isso a importância de se começar o tratamento cedo, porque os ossos se desenvolvem durante a nossa adolescência.

Outra coisa que não muda é a voz, no caso de FTM (transição de menina para menino), a voz muda completamente por causa da testosterona que eles tomam e com isso a voz fica mais grossa. Eu gosto de ver as fotos *antes e depois* dos meninos trans, porque a transição neles é bem mais visível do que nas mulheres transexuais.

Em muitos países, o tratamento hormonal em pessoas trans começa já na pré-adolescência, para evitar que o corpo se desenvolva no sexo contrário ao gênero da pessoa.

A primeira coisa que notei no meu corpo quando comecei o tratamento hormonal foi o aumento dos meus seios. Como sempre fui um pouco gordinha, já tinha seios bem pequeninhos mesmo antes de começar o tratamento. Mas isso ajudou muito quando coloquei silicone, pois tinha bastante carne, hahahaha. Depois, a gordura que estava toda acumulada na barriga começou a ir pro meu quadril, e meu corpo começou a pegar formas mais femininas.

Este processo levou uns dois anos até eu conseguir perder as formas masculinas que meu corpo tinha. Lembrando sempre que cada pessoa reage de uma forma ao tratamento.

Mas não foi só o corpo que mudou, minha cabeça também ficou bem maluca durante todo esse tempo, por causa da mudança de hormônios.

Eu já era *supersentimental*, mas depois da transição comecei a chorar até com comercial de margarina na televisão. Não podia ouvir a palavra *não*, ou alguém falar num tom mais alto comigo, que me desmanchava em lágrimas! Eu estava virando uma *Drama Queen*!

Mas eu tive sorte, porque muita gente fica com depressão nessa parte do tratamento, justamente por causa da mudança dos hormônios masculinos pra femininos. Mas isso não quer dizer que eu não tenha passado por uma fase muito difícil.

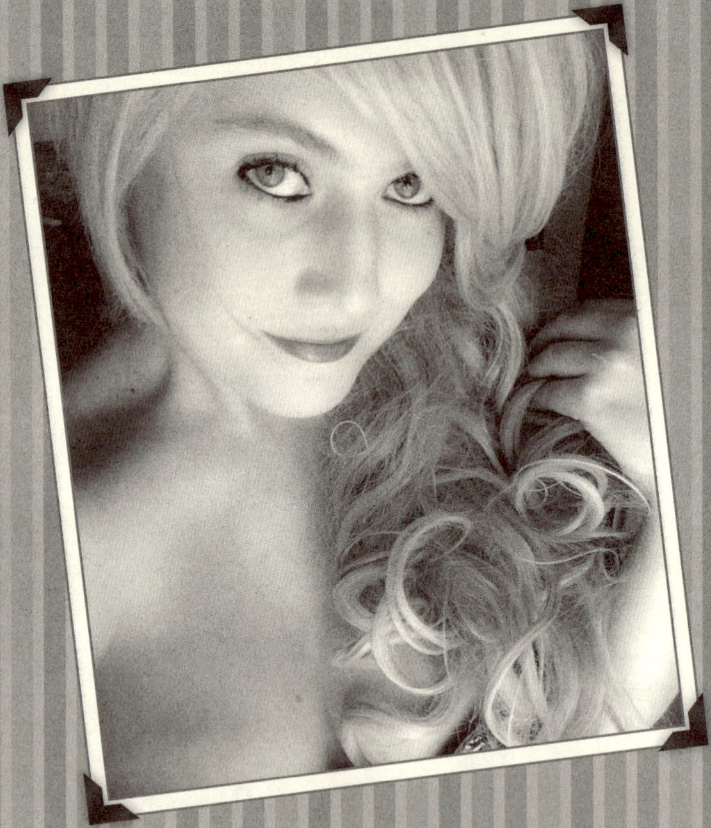

# A OPERAÇÃO DE REDESIGNAÇÃO SEXUAL

**EU FIZ A MINHA OPERAÇÃO NA TAILÂNDIA. INCLU-**sive, acho que para muitas pessoas a primeira coisa que se pensa quando falamos na Tailândia são as mulheres transexuais de lá!

É babado, todo mundo sabe que o país é aberto a essa realidade e por isso existem muitos médicos que fazem a cirurgia de redesignação sexual. Mas também não quer dizer que todos são bons! Cuidado, que tem muito carniceiro lá também! Sempre procure médicos que sejam recomendados para qualquer tipo de cirurgia. Principalmente na hora de fazer pepeca, não vai vacilar, né?

Uma curiosidade: muitos dos médicos de outros países vão para a Tailândia aprender e aperfeiçoar os métodos de cirurgia de redesignação.

Vamos deixar uma coisa bem clara: nem toda mulher ou homem transexual sente necessidade de fazer a cirurgia de redesignação sexual. Cada pessoa vê seu corpo de uma forma e fazer a cirurgia não faz a pessoa ser mais ou menos o que ela é.

Eu, Amandinha, sempre tive problema com meu genital e, mesmo antes de saber que era mulher trans, eu sentia que aquele negocinho não pertencia ao meu corpo. SEMPRE FOI ASSIM! Por diversas vezes, pensei que era melhor me mutilar do que ter algo ali. Meu genital de menino sempre me atormentou e esse pensamento só mudou quando eu soube que tinha como transformar aquilo em uma pepeca. E para a cirurgia ser possível, o piruzinho tinha de estar bem conservado!

Era uma dor tremenda ter que me olhar no espelho sem roupa! Imagine você, que gosta do seu corpo, um homem, por exemplo, que acha normal ter um pinto, como seria se em vez dele você tivesse uma pepeca, o sexo trocado? Complicado, não acha?

O vídeo que tem mais views no meu canal é exatamente o que falo sobre isso. Vai lá no Mandy Candy no YouTube e assiste ao vídeo chamado "Como era ter um pênis".

Sabendo então que era possível transformar meu pênis em uma vagina pra que eu me sentisse completa, comecei a pesquisar sobre médicos que podiam realizar esse sonho. No falecido Orkut, havia a comunidade de disforia de gênero e lembro que havia um tópico só sobre esse assunto, incluindo dados dos médicos, fotos dos resultados e valores.

O primeiro baque que tive foi ver que todas as cirurgias com resultados bacanas eram supercaras!

Segundo baque, que os médicos ficavam em outros países!

E o terceiro baque foi perceber que, com o que eu ganhava na época, eu ia precisar juntar dinheiro durante uns dez anos pra fazer a cirurgia e até lá o preço já teria duplicado!

Mesmo assim, com tudo isso, coloquei na cabeça que ia fazer com um dos melhores, porque era algo importante pra minha vida. Confesso que em nenhuma vez pensei nas bimbadas. Sexo pra mim era o de menos, o que queria mesmo era me olhar no espelho e ver a Amandinha que sempre sonhei! As pessoas sempre chegam com essa ideia que mulheres trans fazem a cirurgia por causa de homem ou que somos transexuais para conseguir homem mais facilmente (siiiiimmm, já escutei muito disso). Ninguém mudaria o corpo pra agarrar boyzinho em balada, né? Me poupem!

E de todos os médicos que falavam, um dos melhores e mais em conta era o doutor Kamol, que já mencionei. Quando vi os resultados em fotos, coloquei na minha cabeça que ia entregar minha vida para ele e me foquei em operar na sua clínica. Tem um vídeo no meu canal que conta tudo sobre isso. Você já sabe o caminho, é só entrar no YouTube e procurar por "TUDO Sobre minha Cirurgia de Redesignação Sexual (Mudança de Sexo)".

Durante mais de um ano, troquei emails com a equipe do doutor Kamol para tirar dúvidas, saber os valores e pentelhar mesmo, pois eu tinha que ter toda a certeza do mundo que ele ia fazer o melhor por mim. Como muitas pacientes brasileiras vão operar com ele na Tailândia, o hospital possui algumas enfermeiras que falam português. Até o site do hospital tem opção para o texto em língua portuguesa, o que facilita muito para quem não manja inglês.

Eu já morava na China, em Guangzhou, quando fui para a Tailândia. Eu me joguei para a terra do pastel (o que é a maior mentira da humanidade, pois nunca vi um pastel aqui na China ou em Hong Kong), porque depois que saí da empresa de telemarketing fui trabalhar com produtos chineses, importação de corseletes, uma pequena lojinha virtual, então a oportunidade de comprar pessoalmente na China surgiu. Fui de mala e cuia para o outro lado do mundo tentar a sorte e expandir os meus negócios. Foi neste trabalho que eu realmente consegui dinheiro para a cirurgia, mas, como nem tudo são flores e como vocês já devem saber, essa mudança para a China fez com que minha lojinha quebrasse. E eu me vi com apenas duas opções: guardar o dinheiro que eu tinha para sobreviver enquanto não conseguia um emprego ou... me arriscar e operar de vez. Me arrisquei mais uma vez e fui atrás do meu sonho! Mandei email para o doutor marcar a cirurgia e me passar o valor final para que eu me programasse, pois o pagamento é feito ao chegar no hospital, assim como todos os exames necessários.

Peguei o dinheiro que tinha, vendi algumas coisas e pedi um empréstimo no banco pela internet. Eu poderia ficar toda endividada, mas seria uma endividada com pepeca! Com tudo em mãos, me joguei mais uma vez nesse mundo e fui para a Tailândia.

Ah, a loja de corseletes ainda funcionava, não vendia tanto quanto antes mas dava para me sustentar no tempo que fiquei por lá. Brasileiros podem ficar até três meses em diversos lugares da Ásia sem ter visto, e Hong Kong e Tailândia são alguns deles.

Ai, que saudade da Tailândia, tô pra conhecer um lugar com pessoas mais amigáveis que lá! Por onde eu passasse, as pessoas sorriam e me cumprimentavam. Como é um país que vive do turismo, eles tratam muito bem os estrangeiros e não foi diferente no hospital em que operei, fui recebida e acompanhada a todo momento por enfermeiras que pareciam minhas melhores amigas! Não estava acostumada com tratamento assim, ainda mais de pessoas que sabiam que eu era uma mulher transexual. Normalmente em hospitais no Brasil e quando eu tinha que ser atendida e ficavam sabendo que eu era trans, parecia que iam atender o capiroto pela forma que me tratavam.

O pré-operatório é assim: quando chegamos no hospital, uma bateria de exames é solicitada e somos encaminhados para fazer o pagamento da cirurgia. Com tudo certinho, vamos para um hotel que fica no hospital mesmo e aguardamos um ou dois dias para a cirurgia (depende de quando você agendou). No meu caso foram dois dias, os mais longos, que pareciam dois anos de tanta ansiedade!

No dia da operação, deixamos o hotel e vamos para um quarto especial, receber aconselhamento de uma psicóloga e fazer os procedimentos pré-cirurgia. Então passadas algumas horas o que acontece? A gente vai pra faca! Juro, quando deitei na maca a caminho da operação, pensei comigo mesma: "Se eu morrer agora eu morro feliz, estarei completa e realizando o que eu mais quero da vida!" Não tive medo nenhum antes, durante (até por que eu estava sedada) e depois!

A operação consiste em transformar a pele do pintinho na neovagina, eles reutilizam quase tudo para construir a pepeca! É incrível, pois a aparência é igualzinha à de qualquer outra mulher, quem viu a minha pepeca não diz que foi feita com um bisturi.

O pós-operatório está bem detalhadinho no canal, se você quiser saber como foi, confere lá que o vídeo tá bafo!

Muita gente me pede para contar como foi a primeira vez que saí na rua depois da operação e aí eu sempre decepciono a pessoa dizendo que foi normal. Porque eu já andava na rua como uma mulher, eu sempre fui mulher e não foi a operação que me fez mulher, embora tenha sido algo muito importante pra eu ser quem eu sou hoje.

O momento mais importante para mim, na verdade, foi quando eu fiz xixi pela primeira vez após a cirurgia! Foi a coisa mais mágica da minha vida, foi quando caiu a ficha que finalmente eu tinha uma pepeca!

# PENSAMENTOS SUICIDAS

**VOCÊS SABIAM QUE A TAXA MUNDIAL DE SUICÍDIO** entre transexuais é VINTE E SEIS VEZES MAIOR que entre as pessoas cis? Entendam que preconceito LITERALMENTE mata pessoas trans e a nossa expectativa de vida é baixíssima.

Em duas fases da minha vida, eu estava tão mal, mas tão mal, que a única coisa que eu queria era fechar meus olhos e nunca mais acordar, para que tudo sumisse.

A primeira fase aconteceu durante a adolescência, quando eu achava que minha vida não tinha sentido porque não me encontrava no mundo, nem como um garoto heterossexual, nem como um garoto gay.

Achava que a vontade de ser uma garota era realmente algo errado. Acabei acreditando nisso de tanto ouvir — e ouvia de todos os lados: família, amigos (não todos, claro) e até de alguns gays!

Eu ouvia muito aquela máxima de que "ser gay tudo bem, desde que não seja traveco". Esse é o tipo de frase que fez com que eu guardasse minha identidade, quem eu realmente era, dentro de mim, me sufocando mesmo, de uma forma que achava que o único jeito de ficar livre dessa dor era quando eu morresse.

Como eu não sabia nada sobre transexualidade, achava que eu era a única pessoa assim que existia. E quando todo mundo é de um jeito e você de outro, você está errado. (Hoje eu sei que não é assim, lindos. Mas na época era como eu pensava.)

Não sei dizer quantas vezes eu me vi pesquisando sobre suicídio naquela época — cheguei, inclusive, a fazer parte de uma comunidade no Orkut sobre o assunto. Não postava, mas sempre lia os posts das outras pessoas e acompanhava as discussões.

O que evitou meu suicídio foi, com toda a certeza, a minha família. Porque toda vez que vinha esse tipo de pensamento na cabeça, eu lembrava do amor que recebia deles e não conseguia nem imaginar a dor que eles iam sentir se eu fosse embora, ainda mais desse jeito. Eu sempre pensava: o que era mais importante, a minha dor ou a deles?

Eu tinha tomado uma decisão naquela época que só iria morrer depois que minha mãe se fosse e que eu ia aguentar o que fosse preciso aguentar enquanto ela estivesse ali comigo. Eu precisava ser forte por ela, porque ela não podia passar pela dor que eu ia causar se me suicidasse!

Quando eu tinha doze anos, meu irmão do meio faleceu em um acidente de carro em que morreram também meus tios e a namorada dele. Minha prima, que também estava no carro, ficou tetraplégica. Uma tragédia, um verdadeiro horror! Foi um choque muito grande para a minha família, e eu nunca tinha visto minha mãe tão triste como no dia em que recebemos a notícia. Eu nunca tinha visto ela chorar daquela forma, só ela e outras mães podem descrever a dor que é perder um filho.

Em todo momento eu pensava em morrer, mas então eu lembrava desta tragédia, da minha mãe chorando, e por ela eu não cometi esse erro.

Então eu me escondi nos jogos (como já falei um monte de vezes), porque era onde eu podia ser eu mesma.

Na segunda fase, o pensamento suicida veio até mais forte. E foi algum tempo depois da transição, quando tinha a aparência ainda um pouco andrógina e as pessoas conseguiam ver que eu era uma menina trans nas ruas.

Os olhares, as piadinhas e os xingamentos que eu recebia sem ter feito absolutamente nada me doíam muito. Por muito tempo, achei que o mundo fora da minha casa era um lugar ruim com pessoas sem coração. Essa fase da transição já era difícil na minha própria cabeça, com julgamento externo e preconceito então, gente, é um peso enorme!

Era só eu colocar o pé pra fora de casa que me sentia como um alienígena na rua, não importava aonde eu fosse. Todo mundo ficava olhando pra mim, dando risadinha e fazendo piadas em um tom mais baixo, mas não tão baixinho assim, porque pareciam fazer questão de que eu escutasse. Todos eles pareciam felizes ao perceberem que eu tinha escutado e aquilo tinha me deixado mal. Por que isso? Não consigo entender porque você quer deixar alguém mal, triste.

Então, para que continuar vivendo em um mundo desses, que não me aceita e é cheio de gente desse tipo? Um mundo em que nunca vou poder ser feliz e que a minha felicidade é motivo de ódio pra outras pessoas? Era o que eu pensava, era o que atormentava minha cabecinha.

Mais uma vez, passei por esta fase por causa da minha família. Quando paro pra pensar, se não fosse o apoio deles provavelmente eu não estaria aqui, contando tudo isso. Mesmo recebendo todo esse ódio gratuito de todos os lados, quando eu estava dentro de casa, o amor que eu recebia de minha mãe e irmãos me fazia esquecer de tudo. Quando eu chorava, minha mãe me consolava, quando queria desistir, minha irmã vinha com presentes, me emprestava as roupas dela e dizia o quanto eu era linda e importante para eles. Meu irmão, mesmo meio marrento, sempre me defendeu e protegeu de tudo e de todos.

Não consigo imaginar a dor de uma pessoa que já sofre nas ruas e não tem qualquer apoio familiar. Ou qualquer apoio, de qualquer lugar.

# COMO SURGIU O CANAL MANDY CANDY

**QUANDO ME MUDEI PRA CHINA, ACABEI ME SENTIN-** do muito isolada do mundo, porque não sabia falar inglês, muito menos mandarim e cantonês, que são superdifíceis para os ocidentais como a viada que aqui vos fala (até hoje, não sei!).

Aí já deu pra entender que era complicado fazer amizades, né? Até conseguia entender quando falavam em inglês comigo, graças às aulas gratuitas que os games me deram. Mas quem disse que eu conseguia responder? Complicava (e muito), né!

Então eu passava grande parte do meu dia comendo, jogando e assistindo a vídeos no YouTube. Nessa época, engordei doze quilos, só pra vocês terem uma ideia!

Morar fora de casa não é essa maravilha toda que falam, não! É importante e tudo, mas eu me sentia sozinha, com saudade da família, dos amigos, de escutar português na rua e, principalmente, da comida brasileira. Sabe que até hoje fico bolada de não entender o que as pessoas falam aqui em Hong Kong? Acho que o tal do cantonês é uma língua que nunca vou conseguir aprender, hahaha.

Nessa época, eu trabalhava com vendas online de produtos da China e, por isso, trabalhava de casa. Então, quando acabava o serviço, meu lazer era dentro de casa também, principalmente com o YouTube!

"Ah, Amanda, peraí! Ouvi dizer que a internet na China é bloqueada e não dá pra acessar quase nada! Como é que você usava YouTube e Facebook, viada!?"

Bem... tá, eu preciso confessar: eu dava uma de fora da lei com VPN, que é um programa ou site que camufla seu endereço de IP pra que você possa usar a internet como se estivesse em outro país. Como na China muitas páginas são bloqueadas, meu IP tinha que ser diferente do chinês, acho que é assim. 😈 É a escapatória pra todos os estrangeiros conseguirem se comunicar pela internet com o resto do mundo.

No YouTube, eu passava horas e me divertia horrores assistindo aos canais do PC Siqueira e do Cauê Moura, sou fã dos dois até hoje! (Quase surtei quando eles me seguiram no Twitter — sim, tenho ataque de fã também!)

Porque quando assistimos a um youtuber parece que estamos ali do lado conversando com eles, né? É algo mais pessoal, não tem toooda aquela produção que tem na televisão. Alguns até têm, mas acho que mesmo assim eles continuam sendo mais pessoais e próximos de quem assiste, acho que essa é a magia dos canais do YouTube. 🖤

Como sempre curti games, eu assistia, e assisto, claro, diversos canais, bem variados, tanto brasileiros quanto estrangeiros, de gameplay que, como o nome já diz, são canais voltados para os games! Existem vários tipos, desde os jogos detonados até canais que jogam e conversam com o público. Os canais estrangeiros me ajudaram por muito tempo a aperfeiçoar o inglês — que eu estava aprendendo sozinha na época. Aliás, dica da Mandy para a marotada que quer dar um up no inglês: uma tática boa é jogar videogame, assistir a filmes com legendas em inglês e canais do YouTube de fora do Brasil. Assim você vê como eles falam de verdade, dá pra aprender a pronúncia direitinho. ☺

Canais de gameplay do YouTube que curto muito assistir até hoje:
- BRKsEDU
- PewDiePie
- LubaTV Games

Então, pensando nos dias solitários, eu tinha muito tempo sobrando e nenhum amigo por aqui e por isso resolvi criar um canal de gameplay e um canal de vlog pra falar com outras pessoas — siiiiiiiim! Eu comecei com um canal de gameplay MUITO RUIM! Tão ruim que já deletei todos os vídeos, porque tenho vergonha até hoje do que eu criava, hahaha.

E quando eu digo ruim, é RUIM pra caramba! Não sabia editar, não sabia nem falar pra câmera direito. Parecia uma múmia jogando de tanta vergonha que ficava (e ainda me sentia uma doida falando sozinha com a câmera). E no canal de vlog, que eu uso até hoje, eu tratava de assuntos tabus, tipo sexo e sexualidade. Um dia, pretendo voltar a fazer vídeos sobre games, porque é algo muito presente na minha vida, vamos ver, né? Ninguém sabe o amanhã!

O primeiro nome desse canal foi *Mandy Para Maiores*, porque achei que só gente mais velha ia se interessar por esse tipo de conteúdo. E também porque ficou bacana o nome, né? Hahaha.

Naquela época, ninguém sabia que eu era transexual, mas eu sempre tive esse meu jeito meio despirocado, então mesmo quando o canal era pequeno, com apenas quatrocentas visualizações no máximo, sempre apareciam comentários de pessoas me xingando por ser mulher fazendo gameplay, usando decotes — ok, eu usava e continuo usando decotes tanto em vídeos quanto em casa e na rua, mas é problema meu, né, viada? O corpo é meu, a roupa é minha e eu me visto como quiser. Ninguém tem o direito de me xingar por causa disso, dá até assunto pra um vídeo! E tem mais: quem não gosta de decote que não use, não vou julgar ninguém porque não se veste como eu.

E no meio de tanto comentário, um dia um cara falou que eu parecia um "traveco" e, quando eu li isso, eu gelei! Porque ninguém sabia que eu era trans! Inclusive, já fazia anos que eu tinha corrigido meus documentos e tinha muito medo que descobrissem isso.

Eu achava que este tipo de comentário ia acabar com as minhas amizades na internet e fora dela. Então, por medo de uma exposição, acabei parando com os vídeos por um tempo.

Nesse período que fiquei afastada do YouTube, comecei a repensar minha vida, no motivo que me fazia ter medo de dizer que eu era trans, afinal eu ERA, SIM, eu sou uma mulher trans. O medo era sempre da reação explosiva do outro porque eu não tinha problema nenhum com isso.

Veja como o medo do preconceito arruinava a minha cabeça: depois que consegui arrumar meus documentos na Justiça e ter uma aparência aceitável na sociedade, achei que a melhor forma de viver seria escondendo meu passado. Mas obviamente que este é um fardo muito grande para carregar. A cada dia que vivi sem falar abertamente que eu era trans, eu me machucava muito. Principalmente quando escutava piadinhas transfóbicas e com vergonha eu ficava calada e não podia fazer nada, muito menos responder ao infeliz que estava pregando preconceito.

(Isso antes, claro. Porque hoje comigo é assim: se vejo alguém ofendendo uma mana ou mano trans é como se estivessem ofendendo a mim também! Eu faço um escândalo!)

Para vocês verem como é a sociedade: um dia fui em uma cabeleireira cortar o cabelo e fazer uma escova, e durante todo o processo ela ficava falando sobre OS clientes HOMENS que iam fazer cabelo com ela, que eles se vestiam como mulher, mas tinham caras de cavalo. Sim, ela usou essa palavra! Veja que horror! Então, parou de escovar o meu cabelo e virou pra mim, dizendo:

— Por mais que tentem, eles nunca vão ser mulheres como a gente, olha, nosso cabelo é diferente de cabelo de homem, não tem como.

Estou escrevendo aqui e rindo, me lembrando da cena, porque a bicha nem imaginava que eu era transexual, que ela estava falando mal de pessoas trans para outra trans! Te garanto que quando as clientes travestis ou transexuais iam lá, ela tratava com todo o amor do mundo, afinal estavam gastando, né? E pelas costas, ela me saía com essas barbaridades.

Isso me incomodava muito, porque era um tipo de diálogo muito frequente. Vivendo esse tempo meio escondida no mundo cis, pude ver como muitas pessoas são hipócritas — pela nossa frente, falam uma coisa e, por trás, nos tratam com desdém, como se fôssemos inferiores, errados, bizarros.

Por causa das barbaridades que eu escutava, eu tinha medo que soubessem que era transexual, sabe? Mas além do medo, maior que ele, eu tinha uma necessidade de gritar para todo mundo me respeitar, para NOS respeitar!

Então, depois de pensar muito, gravar diversas e diversas vezes, eu postei um vídeo contando que eu era uma mulher transexual e abrindo meu coração para o público! Se quiser ver o vídeo, vai lá no meu canal no YouTube e procura pelo seguinte título: "Sim, sou uma MULHER TRANSEXUAL! Prazer, Amanda". É um dos primeiros do canal.

Ali mesmo eu já achava que ia perder todos os meus amigos, que os poucos inscritos que tinha iam deixar de me seguir, que ia ser a mais zoada na internet (não que hoje eu não seja, mas quem liga, né? Hahaha).

Depois de postar o vídeo, desliguei o computador e fui dormir, porque não queria nem saber o que estavam comentando, não queria ler os xingamentos, nem preconceitos. Eu só queria curtir a minha própria liberdade! A partir daquele momento, eu não tinha mais nada pra esconder de ninguém! Ninguém paga minhas contas, ora, eu estava livre daquele sufoco todo, FINALMENTE.

No dia seguinte, quando liguei o computador e abri o YouTube (e confesso que quase coloquei uma fralda, porque eu estava me cagando de medo), pra minha surpresa o vídeo tinha atingido mais de doze mil visualizações! Naquela época, era MUITA coisa para o meu canal, que tinha uma média de quinhentos views, né?

E quando fui ler os comentários... gente, quanto amor! Praticamente todas as mensagens eram de suporte e pouquíssimos dislikes. Os inscritos que pensei que iria perder continuaram e, pelo contrário, o canal cresceu ainda mais.

Passei o dia todo lendo e respondendo as mensagens de apoio, *superemocionada*, com um sorriso de orelha a orelha porque algo que achei que nunca fosse possível tinha acontecido: fui aceita como eu era pelas pessoas que importavam!

A partir daí, eu senti um certo estímulo e então eu comecei a contar mais sobre minha história no canal, e passei a falar sobre transexualidade (que infelizmente é um assunto pouco abordado nas mídias) com muita naturalidade e honestidade. Continuei falando e fazendo tosquices também, pois acima de tudo o canal é um pedacinho de mim, então não tinha como ser diferente. ☺

Mas esse sentimento de liberdade, com a sensação de ter feito a coisa certa e ainda ser abraçada pela marotada toda no dia seguinte é algo que nunca vou esquecer. Obrigada, de coração!

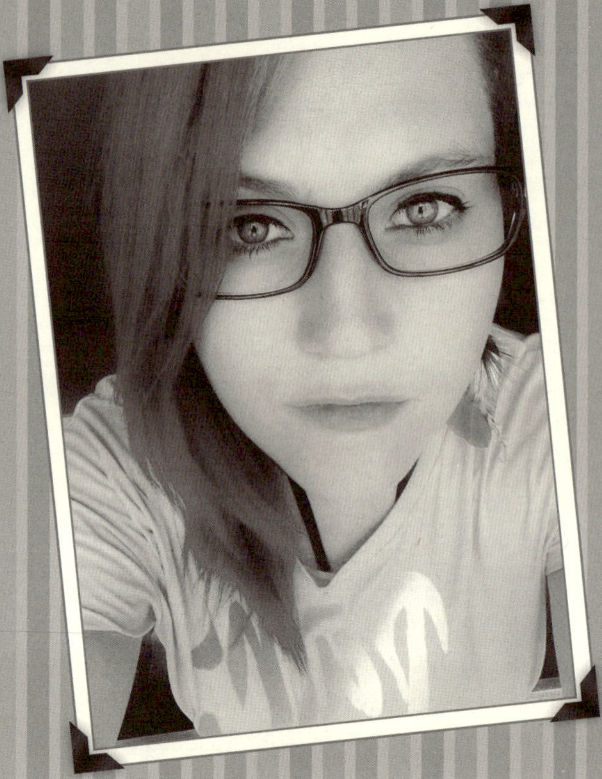

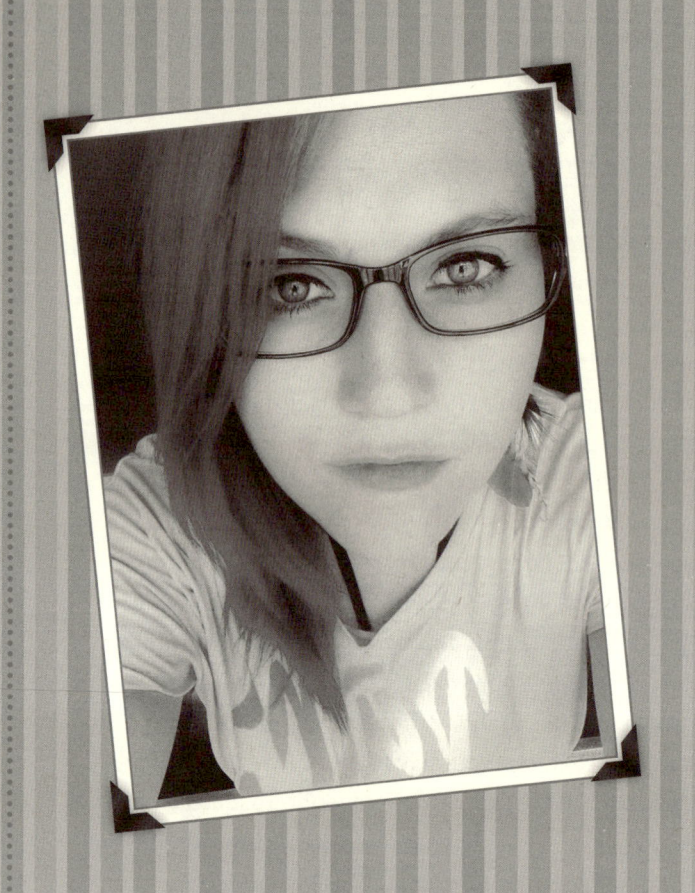

# PARA MINHA IRMÃ AMANDA

Por Melissa Borges

**OK... ENTÃO, MEU IRMÃO É GAY. NÃO ESTOU SUR**-presa, na verdade, sempre tive consciência disso e sabia que o momento da revelação chegaria. Então, por que meu coração está apertado, me sinto angustiada e tenho vontade de chorar? Eu sei a resposta, é porque o mundo é muito rude para pessoas como meu irmão e temo que sua vida seja muito difícil, que ele não tenha as mesmas oportunidades que eu terei e que fora de casa encontre olhares e palavras maldosas capazes de abalar sua confiança, trazendo infelicidade a ele.

Quando éramos pequenos, ele fazia minhas camisolas de vestido, me seguia o tempo todo pela casa e não queria correr atrás de bola pelo pátio com os guris. Certa vez, consentiu em me deixar cortar o seu cabelo. O visual careca deixou meu irmão arrasado, por mais que repetíssemos que estava lindo, suas lágrimas não paravam de rolar.

Ele adorava participar de concursos na escola, todo ano na festa junina ganhava o título de "mais belo caipira".

Passou pelo ensino fundamental sem grandes episódios de bullying, não porque sua sexualidade era "invisível", mas porque seu excesso de candura repelia atitudes agressivas e discriminatórias por parte dos colegas. É claro que, na maior parte do tempo, eram as meninas suas companhias preferidas, mas o gosto por games, combinado com um forte carisma, nunca deixou que os amigos e primos se afastassem.

 O tempo passou e chegou o dia que, com maturidade e confiança, ele nos informou que não poderia mais sustentar uma aparência masculina. Outra vez me senti perdida, sabia que aquilo não deveria me surpreender ou chocar, mas a verdade é que eu estava com raiva, muita raiva e não suportava a ideia de perder meu irmãozinho. Eu me sentia lesada, como se estivessem apagando as páginas mais importantes da minha vida, mas precisava esconder essa ira para não dificultar ainda mais a transição dele, que já era algo complicado por si só. O nome antigo já não servia, nossa mãe pensou primeiro em Gina, então cantamos uma musiquinha e logo ela mudou de opinião, escolhendo Amanda.

 Quando olho para trás, percebo que minha recusa em perder meu irmão era infundada, porque ele sempre foi a Amanda e ela ficou ainda mais linda quando externou sua imagem interior, porque passou a exibir o rosto da felicidade. Espero que sua história possa alcançar pessoas que, assim como eu, já tiveram "pré-conceitos", para que entendam que ter um filho ou irmão transexual não é o fim do mundo... mas o recomeço de uma história com final feliz.

# AGRADECIMENTOS

**AINDA NÃO CAIU A FICHA QUE EU TENHO UM LI-** vro, viada, tô chique, hein?! Me segura que eu tô no chão! Nunca em vinte e tantos anos imaginei que minha história pudesse servir de inspiração para muita gente, sério mesmo, não tenho palavras para dizer o que sinto em meu coração com todo esse carinho que recebo, com mensagens de pessoas que a partir de meus vídeos conseguiram olhar o mundo com outros olhos e ver que somos todos iguais!

É muito bom saber que, mesmo que seja em uma parcela pequenininha, eu estou de alguma forma ajudando a construir um mundo com mais tolerância e amor.

Quero agradecer a minha mãe por ter me ensinado a correr atrás de meus sonhos, por mais malucos e impossíveis que pudessem parecer diante dos olhos de outras pessoas (mãe, lembra quando eu era criança e queria ser dançarina do É o Tchan e você ficava me vendo dançar o dia todo? Hahaha). Obrigada por ter sempre ficado ao meu lado em todos os momentos antes, durante e depois da minha transição. Tenho certeza que se hoje estou aqui é por sua causa.

Agradeço aos meus irmãos que sempre me protegeram desde que eu era pequeninha, me ensinaram a ser forte e também o significado da palavra família. Sei que vocês sempre estarão presentes quando eu precisar.

Um superagradecimento a todos meus amigos do canal, meus inscritos, meus marotos e marotas! Sem vocês, esse sonho nunca se tornaria realidade, arrasam!!!

E antes de acabar quero deixar claro que tudo que está nesse livro é baseado em minhas vivências, e se minha vida já foi complicada por simplesmente ser quem eu sou imagina para uma pessoa que não teve o apoio da família? Que não teve oportunidades de emprego? Que não teve alguém para lhe educar e proteger? Pois é... eu sou uma a cada mil transexuais, minha vida é um conto de fadas perto da vida de tantas outras, então, por último, quero agradecer as minhas manas e meus manos que diariamente colocam a cara no sol lutando por um mundo com mais igualdade! Obrigada por lutarem por um mundo melhor!

MAMYS... SOU TRANS!

DEIXE SEU DENTRO DA CUECA!

QUER AJUDAR A MANDY?

- FICARIA COM UMA MULHER?
- TRANS?
- EU NAO SOFRO HOMOFOBIA

Meu primeiro prêmio do YouTube,
para comemorar cem mil inscritos.